ADOLPHE JOANNE

GÉOGRAPHIE

DU LOIRET

22 gravures et une carte

HACHETTE ET Cie

GÉOGRAPHIE

DU DÉPARTEMENT

DU LOIRET

AVEC UNE CARTE COLORIÉE ET 22 GRAVURES

PAR

ADOLPHE JOANNE

AUTEUR DU DICTIONNAIRE GÉOGRAPHIQUE ET DE L'ITINÉRAIRE
GÉNÉRAL DE LA FRANCE

CINQUIÈME ÉDITION

PARIS
LIBRAIRIE HACHETTE ET Cie
79, BOULEVARD SAINT-GERMAIN, 79

1886

TABLE DES MATIÈRES

DÉPARTEMENT DU LOIRET.

LISTE DES GRAVURES

Typographie A. Lahure, rue de Fleurus, 9, à Paris.

DÉPARTEMENT

DU LOIRET

I

Nom, formation, situation, limites, superficie.

Le département du Loiret doit son *nom* à la rivière du Loiret, qui prend sa source à 4 kilomètres d'Orléans, et se jette dans la Loire, après un cours de 12 kilomètres.

Il a été *formé*, en 1790, d'une petite portion du **Berry** et de l'**Ile de France**, et de tout ou partie de trois pays de l'**Orléanais**, l'une des provinces qui constituaient alors la France, et dont Orléans, aujourd'hui chef-lieu du département, était la capitale. Ces pays s'appelaient : l'*Orléanais propre*, le *Gâtinais*, le *Dunois*.

Le département du Loiret est *situé* entre Paris et la région centrale de la France. Orléans, son chef-lieu, est à 121 kilomètres au sud de Paris, par le chemin de fer, à 100 seulement, à vol d'oiseau.

Il est *borné :* au nord, par le département de Seine-et-Oise; au nord-est, par celui de Seine-et-Marne; à l'est, par celui de l'Yonne ; au sud, par la Nièvre et le Cher; au sud-ouest, par le Loir-et-Cher; au nord-ouest, par l'Eure-et-Loir. Ses limites sont toutes conventionnelles, excepté, çà et là, un ruisseau ou une rivière, pendant quelques kilomètres.

Sa *superficie* est de 677,119 hectares : sous ce rapport, c'est le vingt-cinquième département de la France ; en d'autres termes, vingt-quatre sont plus étendus. Sa plus grande *longueur* — du nord-ouest au sud-est, entre Villamblain et Favelles, — est de 120 kilomètres ; sa plus grande *largeur* — du nord au sud — est de 80 kilomètres sous le méridien de Pithiviers et celui de Malesherbes, tandis qu'elle atteint à peine 40 kilomètres sous le méridien de Beaugency. Enfin, son *pourtour* dépasse 400 kilomètres, en ne tenant pas compte des sinuosités secondaires.

II

Physionomie générale.

La vallée de la Loire divise le département en deux parties; celle du nord est deux fois plus vaste environ que celle du sud. Au nord s'étendent la Beauce et le Gâtinais ; au sud se trouve la Sologne.

Large et fertile, arrosé par un fleuve qui a toute l'apparence d'un cours d'eau de premier ordre, quand les crues dissimulent sa faible profondeur et cachent ses bancs de sable, le **Val de la Loire** est célèbre par les riches cultures, les bons vins de ses coteaux, ses riants paysages, ses beaux châteaux, ses jolies villas, ses bourgs prospères ; mais il lui manque les hautes chaînes de collines, sans lesquelles une vallée n'est qu'une plaine. En outre, à une certaine distance de la Loire, le pays offre un aspect insignifiant et monotone.

Sur la rive droite, les collines qui portent le Gâtinais et la Beauce serrent de très-près le fleuve, qu'elles dominent de 20 à 40 mètres, et, en certains endroits, de 50 et de 60 (entre Briare et Gien, où le fleuve est à 130 mètres environ d'altitude). Un certain nombre de ces collines sont boisées ; la plupart sont plantées de vignobles, produisant, en aval d'Orléans, les meilleurs vins du département. — Sur la rive gauche, la vallée n'est resserrée qu'aux environs de Châtillon et de Lion-en-Sullias ; partout ailleurs, les coteaux sont éloignés du fleuve.

Des collines qui bordent le plateau de la Sologne, des bois descendent çà et là dans la plaine et jusque sur le bord de la Loire; en aval de Sully, les vignobles se multiplient.

La **Beauce**, contrée très-productive, mais sans intérêt pittoresque, occupe, au nord-ouest du département, plus du quart de son territoire. Elle comprend aussi une partie des départements d'Eure-et-Loir et de Loir-et-Cher. Le Beauceron fait produire à sa terre natale d'opulentes récoltes de céréales, mais la monotonie du *Grenier de la France*, — la Beauce a mérité ce surnom, — en surpasse encore la fécondité : on n'y voit ni collines, ni mamelons; pour ruisseaux, des lits desséchés; pour sources, des puits profonds, de petites mares croupissantes, et çà et là une fontaine dont l'eau tarit dès qu'il fait un peu chaud, ou filtre et disparaît sous terre. Selon certains agronomes, la fertilité de la Beauce est due à cette perméabilité, par laquelle s'opère le drainage complet du sol.

Pas d'arbres, si ce n'est des arbres fruitiers, et, de chaque côté des routes, des ormeaux ébranchés et tordus; des champs, des sillons, de rares vignes, des haies, des fossés, des chemins en ligne droite, à perte de vue, des moulins à vent, des fermes et des paillers; de loin en loin, dans la plaine, des villages et de gros bourgs, presque sans souvenirs et sans monuments : voilà la Beauce. On ne trouve les eaux courantes, les prairies, les rochers, la fraîcheur, l'ombre, les bocages, que dans les vallons qui s'ouvrent sur la Loire vers Meung et Beaugency, sur les bords de l'Œuf et de la Rimarde, et dans la jolie vallée de l'Essonne.

La Beauce est peu élevée, bien qu'elle renferme la ligne de séparation des deux grands bassins de la Seine et de la Loire : l'altitude générale varie entre 120 et 135 mètres, mais elle atteint rarement 140 ou 150 mètres. Dans la vaste forêt d'Orléans, qui confine à la Beauce, un mamelon a 182 mètres d'altitude.

Le **Gâtinais** s'étend sur deux départements : en Seine-et-Marne, du côté de Melun, c'est le Gâtinais français ; dans le Loiret, c'est le Gâtinais orléanais ; il occupe, dans le nord-est et l'est, à peu près le tiers du département. Pays sans hautes collines, sans grosses rivières, sans points de vue grandioses, le Gâtinais paraît pittoresque au sortir de la Beauce ; il a en abondance tout ce qui manque au Grenier de la France : l'eau, l'ombre, les bois, les vallons humides ; même dans certaines parties de cette région, il y a tant de ruisseaux, de canaux à l'eau dormante, d'étangs, de marais, de *gâtines* ou terres noyées lors des grandes pluies, de bois mouillés sur un sol froid, que l'agriculture y perd de vastes terrains ; le Gâtinais tient le milieu entre la Beauce, exubérante et salubre, et la Sologne, stérile et malsaine. Le Gâtinais possède des champs de blé et surtout de safran, des vignes, d'excellentes prairies, des étangs très-poissonneux, des ruches qui produisent un miel estimé, des forêts dont la plus grande est celle de Montargis. Les points les plus élevés du Gâtinais se trouvent à l'ouest, au sud et à l'est : dans l'ancienne PUISAYE, pays de bois et d'étangs, qui forme en partie les cantons de Gien et de Briare, le Signal de Montifaux, à l'est de Batilly, près de la frontière de l'Yonne, atteint 221 mètres.

Comme la Beauce, au nord du fleuve, au sud, la **Sologne** s'étend sur trois départements : le Loiret, le Cher, le Loir-et-Cher. La Sologne orléanaise couvre tout le sud du Loiret, à peu près le quart du département. La Sologne, dont le nom était naguère encore synonyme de terre désolée et insalubre, dont la fièvre intermittente minait les habitants déjà affaiblis par la misère et les privations, est en voie de régénération, et, sauf quelques exceptions, dans un état relativement prospère. Les plantations de pins maritimes et de pins de Riga s'y sont multipliées dans ces dernières années ; elles finiront par recouvrir les parties les plus stériles du plateau et par créer peu à peu un nouveau sol végétal, à la place du lit continu d'argiles imperméables qui faisaient du pays, en hiver un immense marais, en été un désert aride. La régénération de ce pays a commencé, elle ne s'arrêtera pas ; déjà les chemins de fer, le canal de la Sauldre, les routes agricoles y portent les marnes de Blancafort (Cher), la chaux, le plâtre, les engrais dont ses plateaux

Gien.

sablonneux et ses froides argiles ont besoin pour se convertir en vraies terres végétales ; les prairies artificielles s'y étendent; la suppression des étangs, le drainage des vallons marécageux, l'irrigation des terrains secs, amélioreront à la fois le sol, l'air et l'eau. La Sologne assainie ne sera jamais riche, mais elle cessera d'être un marais fiévreux et un plateau désert, aux portes mêmes de deux pays assez opulents pour se nommer le Grenier et le Jardin de la France.

Le plateau de la Sologne va en s'abaissant du sud-est au nord-ouest, parallèlement au cours de la Loire. Son altitude varie entre 110 et plus de 250 mètres. Un sommet se dresse à 275 mètres, près de Cernoy et de Pierrefitte-ès-Bois : c'est le point culminant du département. Par son altitude, ce sommet est plus de trois fois plus élevé au-dessus du niveau de la mer que les tours de la cathédrale d'Orléans le sont au-dessus du sol. Toutefois cette altitude n'est pas même la dix-septième partie de la hauteur du Mont-Blanc, qui a 4,810 mètres et qui est la plus haute montagne de la France et même de l'Europe. Le point le plus bas du département (68 mètres) est l'endroit où le Loing passe dans le département de Seine-et-Marne. En rapprochant ces deux altitudes extrêmes, 275 et 68 mètres, on trouve que la pente du Loiret dépasse 200 mètres.

III

Cours d'eau.

Le Loiret se partage presque également entre le bassin de la Loire et celui de la Seine.

Bassin de la Loire. — La **Loire** est le cours d'eau le plus long de la France. Il y a, en Europe, douze ou treize fleuves plus longs, mais dix seulement ont un bassin plus étendu. Elle naît dans les montagnes du département de l'Ardèche, sur le flanc du Gerbier de Joncs, montagne d'origine volcanique, à 1,562 mètres d'altitude.

Bouillon du Loiret.

A son entrée dans le Loiret, à 136 mèt. d'altitude, elle a déjà traversé les départ. : de l'Ardèche; de la Haute-Loire, où elle passe à 4 kil. du Puy; de la Loire, où elle baigne Roanne; de Saône-et-Loire, qu'elle sépare du départ. de l'Allier; de la Nièvre, où elle arrose Nevers et Cosne, et qu'elle sépare du départ. du Cher.

Dans le départ. du Loiret, le fleuve a un cours de 130 kil. Il passe : à Châtillon; à Briare, où finit le CANAL LATÉRAL A LA LOIRE, et d'où part le CANAL DE BRIARE, reliant, avec le CANAL DU LOING, la Loire à la Seine; à Gien; à 1,200 mèt. au sud-ouest d'Ouzouer, à Sully, à Saint-Benoît, à Châteauneuf, à Jargeau, à Combleux, où débouche le CANAL D'ORLÉANS, et à Orléans. En aval, le fleuve baigne Meung et Beaugency.

De sa sortie du département à l'Océan, la Loire traverse 4 départ. : Loir-et-Cher, Indre-et-Loire, Maine-et-Loire et la Loire-Inférieure. Elle arrose Blois, Amboise, Tours, Saumur, Ancenis, Nantes: à partir de cette dernière ville, le fleuve se transforme en un estuaire qui a jusqu'à 5 kil. de largeur, mais qui se rétrécit à 2,500 mèt. à son embouchure dans la mer, devant Saint-Nazaire. Son cours est d'au moins 1,000 kil.

La Loire a peu d'eau dans les temps secs, mais les saisons pluvieuses la rendent terrible dans l'Orléanais, moins toutefois que dans la plaine de Tours, menacée à la fois par le Cher et la Loire. Son volume peut descendre à *vingt-quatre* mèt. cubes d'eau par seconde, dans le départ. du Loiret, et il peut s'y élever à *neuf mille* : aussi est-ce un cours d'eau moins navigable et beaucoup plus dangereux que la Seine.

La Loire reçoit dans le département : le ruisseau de Bonny, le Trézé, la Notre-Heure, la Tielle, le ru de Dampierre, le Bec d'Able, le Loue, le Cens, le Loiret, la Mauve ou Trois-Mauves, la Mauves, qu'il ne faut pas confondre avec la rivière précédente, et le ru de Tavers. Hors du département, elle recueille, comme cours d'eau appartenant au Loiret par leurs sources ou leur cours supérieur, l'Ardoux, le Cosson et le Beuvron.

Le *ruisseau de Bonny* (25 kil.) se forme dans l'Yonne et tombe dans la Loire, rive droite, entre Bonny et Ousson.

Montargis.

Le *Trézé* ou Trézée (37 kil.), sorti de la Puisaye bourguignonne (Yonne), débouche dans le fleuve, rive droite, à Briare; il traverse des étangs et prête sa vallée au canal de Briare, qu'il alimente en partie.

La *Notre-Heure* ou Nord-Yèvre (38 kil.), qui a ses premières sources dans le Cher, débouche près de Gien, rive gauche.

La *Tielle*, Thiel ou Théone (33 kil.), naît, sous le nom de *Quaulne*, à l'ouest de Cernoy, sépare un moment le Loiret du Cher, et vient grossir la Loire (rive gauche) entre Saint-Gondon et Lion-en-Sullias.

Le *ru de Dampierre*, qui traverse l'étang de Bourg, a son embouchure à 2 kilomètres d'Ouzouer, rive droite.

Le *Bec d'Able* porte au fleuve, en amont de Saint-Benoît, rive gauche, les eaux des étangs de Villemurlin et de Viglain.

Le *Loue* (26 kil.) a pour origine l'étang de Ravoir, dans la forêt d'Orléans, à 4 kil. au nord d'Ouzouer-sur-Loire : il se mêle au fleuve, rive droite, à 2 kil. au-dessus de Châteauneuf.

Le *Cens* (32 kil.), né dans la forêt d'Orléans, alimente le canal d'Orléans, auquel il prête sa vallée inférieure, et tombe dans le fleuve à Combleux, rive droite.

Le **Loiret** sort en bouillonnant de deux ouvertures, le Bouillon et l'Abîme, distantes de 117 mèt., à 4 kil. au sud-est d'Orléans, dans le parc du château de la Source. Le Bouillon et l'Abîme fournissent ensemble 41 et 43 mèt. cubes d'eau par minute. Ils sont alimentés par les eaux que la Loire perd dans son lit de sable, en amont d'Orléans; aussi les crues du Loiret dépendent-elles de celles de la Loire, qu'elles suivent à 24 ou 48 h. d'intervalle. Le Loiret, dont la limpidité est admirable, reçoit des fontaines abondantes. Ses rives charmantes, constamment ombragées, sont animées, en outre, par les villas les plus élégantes, les parcs et les jardins les plus beaux de l'Orléanais. Il passe à Olivet, à Saint-Pryvé-Saint-Mesmin, à St-Hilaire-St-Mesmin, et fait mouvoir de grandes usines. Une partie des eaux du Loiret, excellentes à boire, a été détournée pour l'alimentation et l'arrosage d'Orléans.

Le *Dhuis*, Duis ou Dève (30 kil.), ruisseau sans importance, venu des marais de Tigy, coule constamment dans le Val de la Loire, au pied des premiers talus du plateau de Sologne, et se perd dans la *Gèvre*, gouffre poissonneux, demi-circulaire, profond de 13 à 14 mètres, voisin du Bouillon et de l'Abîme. La Gèvre engloutit en même temps les flots d'une petite branche du Loiret. On présume que ces eaux disparues vont souterrainement rejoindre la Loire, car, dans les crues du fleuve, le gouffre bouillonne, déborde et repousse à la fois le Dhuis et le bras du Loiret, dont il devient alors un affluent.

La *Mauve* ou les Trois-Mauves, descendue de la Beauce, dessert les nombreuses usines de Meung, où elle a son embouchure, rive droite.

La *Mauves*, venue aussi de la Beauce, débouche à Beaugency, rive droite.

Le *ru de Tavers*, ruisseau de Beauce, né près d'un monument celtique, appelé la Pierre-Tournante, tombe dans la Loire à Tavers; il reçoit les eaux pétrifiantes de la *fontaine de Bouture*.

Trois autres affluents de la Loire ont leurs sources ou leur cours supérieur dans le Loiret, et leur embouchure dans le Loir-et-Cher. Ce sont : l'*Ardoux*, déversoir d'un étang de la Sologne; le *Cosson*, qui reçoit ses premières eaux d'un étang de la commune de Vannes; le *Beuvron*, né dans le Cher, près d'Argent.

Bassin de la Seine. — La Seine, l'un des grands fleuves de la France, ne touche pas le territoire du Loiret, mais ce département lui envoie deux affluents, le Loing et l'Essonne.

Le **Loing** est une rivière d'environ 150 kilomètres de longueur, qui prend sa source à l'Orme-du-Pont, au-dessus de Saint-Sauveur (Yonne), au sein de collines de 250 à 330 mètres. En amont de Dammarie, il entre, par 130 mètres environ d'altitude, dans le département du Loiret, où son cours est de 65 kilomètres. Dans le Loiret, il est constamment suivi jusqu'à Montargis par le canal de Briare, puis, de Montargis à la Seine, par le canal du Loing. Il y baigne un chef-lieu de canton,

Châtillon, où le canal de Briare change de rive, et un chef-lieu d'arrondissement, Montargis. Puis il passe en Seine-et-Marne, où il tombe dans la Seine à Saint-Mammès.

Ses principaux affluents, dans le département, sont : à Châtillon (rive droite), le *Milleron;* à 2 kilomètres au-dessus de Montbouy (rive gauche), le *Feins;* à 2 kilomètres au-dessous de Montbouy (rive droite), l'*Averon* (23 kilomètres); à Conflans et à Amilly (rive droite), les deux bras de l'*Ouanne*, rivière aussi forte que le Loing à leur confluent, qui commence dans le département de l'Yonne, entre, au-dessous de Charny, dans le Loiret, où son cours atteint 28 à 30 kilomètres, et où elle baigne Château-Renard ; à Montargis (rive gauche), le *Vernisson* (40 kilomètres), sorti d'un étang de la Gâtine et grossi du *Puiseaux* (32 kilomètres) ; à Buges (rive gauche), à la jonction des canaux d'Orléans et du Loing, le *Solin* ou Vézine (55 kilomètres), né à la lisière de la forêt d'Orléans, et la *Bézonde* ou Moulon (35 kilomètres), absorbée en partie par le canal d'Orléans et grossie du *Fessard* et du *ruisseau des Doigts*; à Nargis (rive droite), le *Cléry*, Cléris ou Biez (45 kilomètres), qui, né dans le département de l'Yonne, arrose, dans le Loiret, une gracieuse et pittoresque vallée, où se trouvent Courtenay et Ferrières ; au-dessous de Dordives (rive droite), le *Bez*, né dans le département de l'Yonne; à 2 kilomètres au-dessous de la limite départementale, en Seine-et-Marne, rive gauche, le *Fusain* (42 kilomètres), qui reçoit la *Rolande*, grossie du *ruisseau de Maurepas*.

L'**Essonne**, rivière limpide et abondante, est formée à Aulnay-la-Rivière, à 90 mètres d'altitude, par la réunion de la *Rimarde* (30 kilomètres) et de l'*Œuf* (35 kilomètres), qui reçoit la *Laye* en amont de Pithiviers. L'Essonne ne baigne qu'une seule localité importante, Malesherbes. Elle tombe dans la Seine à Corbeil (Seine-et-Oise), après un cours de 100 kilomètres, dont plus de la moitié appartient au Loiret ou lui sert de limite du côté de Seine-et-Marne. — Le grand affluent de l'Essonne est la *Juine* (60 kilomètres, dont 6 dans le Loiret où elle a ses sources en Beauce, au-dessus d'Autruy), remarquable, comme l'Essonne, par la beauté de ses eaux et la régularité de son régime. Dans le département de Seine-et-Oise, elle arrose Étampes.

IV

Climat.

Le département du Loiret n'a pas de hautes montagnes, et l'on sait que, moins un lieu est élevé au-dessus du niveau de la mer, moins il est froid. Il appartient au *climat séquanien*, l'un des sept qui se partagent la France. Le Val de la Loire et la Beauce jouissent généralement d'un climat plus doux que la Sologne et le Gâtinais, contrées imperméables, souffrant d'un excès d'eau, en grande partie boisées et d'autant plus humides et froides.

La température moyenne annuelle d'Orléans est d'environ 11 degrés, c'est-à-dire qu'elle est supérieure de quatre dixièmes de degré à celle de Paris. Le nombre des jours de pluie, à Orléans, est de 124 par an ; il n'est que de 115 dans la plus grande partie du département. Si toute l'eau tombée du ciel pendant l'année restait sur le sol sans être absorbée par la terre, ou pompée par le soleil, on recueillerait, dans les douze mois, une nappe d'eau profonde de 47 centimètres, à Gien, de 58, à Orléans, de 65 à 70, dans la Sologne,

V

Curiosités naturelles.

On ne peut guère citer que : les sources du Loiret, le Bouillon et l'Abîme ; les gouffres où disparaissent la Gèvre, le Dhuis et un bras du Loiret ; la perte du Nan dans trois gouffres, près de Bougy ; les gouffres de Saint-Lyé et de Neuville-aux-Bois, et ceux du château de Pennery, au nord de Courtenay.

VI

Histoire.

A l'origine des temps historiques, la contrée qui forme aujourd'hui le département du Loiret était couverte d'une immense forêt, dont les forêts actuelles d'Orléans et de Montargis sont les derniers débris. Dans cette forêt vivait primitivement un peuple inconnu, mais qui a laissé quelques dolmens et menhirs, témoignages de son existence.

Plus tard, le pays fut principalement occupé par les *Carnutes*, peuple d'origine celtique, dont une des villes, *Cenabum* (Orléans), était le principal *emporium* ou marché dans l'intérieur de la Gaule. Les *Senones* possédaient une partie des arrondissements de Montargis et de Gien.

Lors de l'invasion romaine, les Carnutes se soumirent d'abord assez facilement à César. Mais, pendant un voyage du proconsul en Italie, il reprirent *Cenabum* et y massacrèrent les marchands romains. Ce fut la cause de la troisième expédition de César, qui se vengea par la ruine de *Cenabum* (an 52 av. J.-C.). Les Carnutes n'en furent que plus attachés à Vercingétorix, à qui ils fournirent 12,000 hommes. Après la chute d'Alésia, ils essayèrent encore de résister ; mais, réduits à la dernière extrémité, ils durent enfin céder et livrer au vainqueur leur chef Gutruat, que César fit mourir sous les verges (51 avant J.-C.)

Sous Auguste, le pays des Carnutes fit partie de la Lyonnaise, et, lorsque Valérien subdivisa celle-ci en quatre sections, il fut compris dans la quatrième, qui eut Sens pour métropole. En 274, Aurélien rebâtit ou agrandit Orléans, appelé désormais *Aurelianum*, et qui prit le titre de cité.

Le christianisme paraît avoir été prêché, dans l'Orléanais, vers le milieu du troisième siècle.

Ravagé une première fois par les Vandales et les Alains, l'Orléanais fut envahi, vers 450, par les Huns d'Attila, qui voulut s'emparer d'Orléans. Mais l'évêque de cette ville, saint Aignan, sut organiser une résistance si vigoureuse, qu'il donna le temps au général romain Aétius d'accourir avec de puissants renforts. Attila recula jusque dans les plaines catalauniques, près de Méry-sur-Seine ou d'Arcis (Aube), où il fut vaincu dans un grand et terrible combat (451).

Après la défaite du Romain Syagrius, à Soissons, la bataille de Tolbiac et la conversion du roi des Francs au catholicisme, l'Orléanais se soumit à Clovis, qui assista, en 511, au concile d'Orléans, le premier tenu dans les Gaules.

Le royaume d'Orléans fut fondé, à la mort de Clovis, par l'un de ses fils, *Clodomir*. Les enfants de Clodomir ayant été égorgés par leurs oncles, l'un de ceux-ci, *Childebert Ier*, déjà roi de Paris, s'empara de l'Orléanais. *Clotaire Ier* réunit sous son sceptre toute la monarchie franque, mais ses fils la partagèrent de nouveau, et le royaume d'Orléans échut, avec la Bourgogne, à *Gontran*, qui résida à Châlon-sur-Saône, et ne vint qu'une seule fois à Orléans.

En 594, *Childebert II*, neveu de Gontran, hérita de son royaume. Théodoric ou *Thierry*, fils de Childebert, lui succéda. Enfin, en 613, *Clotaire II* réunit encore une fois aux divers royaumes francs celui d'Orléans, qui avait duré 105 ans.

A partir de cette époque, la ville d'Orléans joue un rôle important dans l'histoire. Sous les Mérovingiens, de nombreux conciles s'y réunirent. Louis le Débonnaire y convoqua les États, en 832, dans l'espoir de mettre fin à la rébellion de ses fils. Un peu plus tard, les Normands s'emparèrent plusieurs fois d'Orléans, ainsi que de la riche abbaye de Saint-Benoît-sur-Loire, qu'ils ravagèrent.

Un des principaux adversaires des Normands fut *Robert le Fort*, qui épousa une fille de Louis le Débonnaire, et qui reçut de Charles le Chauve le gouvernement de tout le pays d'entre Seine et Loire. Les deux fils de Robert le Fort, *Eudes* et *Robert*, furent successivement appelés au trône par une partie des seigneurs du royaume; enfin le petit-fils de Robert, *Hugues Capet*, saisit la couronne à la mort de Louis V le Fainéant (987), et la transmit à sa race.

Sous les Capétiens, Orléans était la première ville de France après Paris. Robert le Pieux, qui était né à Orléans et qui aimait cette ville, l'habita souvent. Philippe Ier y tint son Parlement, en 1077. Louis le Gros s'y fit sacrer, en 1109. En 1153, Louis le Jeune y épousa Constance de Castille. En 1309, le pape Clément V et Philippe le Bel accordèrent le titre et le rang d'uni-

Maison d'Agnès Sorel, à Orléans.

versité aux écoles, alors célèbres, d'Orléans. Enfin, en 1344, Philippe de Valois érigea Orléans en duché avec sa seigneurie, augmentée de dix châtellenies voisines, et il en apanagea son second fils, *Philippe*, en échange du Dauphiné, abandonné par celui-ci au fils aîné du roi.

Les longues guerres que la France eut à soutenir contre les Anglais au XIVe et au XVe siècle furent particulièrement funestes à l'Orléanais. Trois fois déjà, en 1356, en 1359, en 1370, les Anglais avaient dévasté cette province et menacé sa capitale, lorsque Charles V réunit de nouveau au domaine royal le duché

Maison dite de Jeanne d'Arc, à Orléans.

d'Orléans, laissé vacant par la mort du duc Philippe. Une clause expresse de l'acte d'union portait que le duché ne pourrait dorénavant être distrait de la couronne. Cependant Charles VI, en 1392, fit don du duché à son frère, *Louis*, qui, plus tard, fut assassiné par le duc de Bourgogne, Jean sans Peur, allié des Anglais.

Charles d'Orléans, le fils aîné de Louis d'Orléans, fut fait

Statue de Jeanne d'Arc, par Foyatier, à Orléans.

prisonnier, en 1415, à la désastreuse bataille d'Azincourt. Ce fut pendant sa captivité qu'Orléans, assiégé par les Anglais, fut miraculeusement délivré par Jeanne d'Arc.

Charles VI était mort. Le dauphin, devenu roi sous le nom

Jeanne d'Arc blessée au siége d'Orléans.

de Charles VII, ne possédait guère qu'un titre sans royaume : Paris, l'Ile de France, la Normandie, la Guyenne et la Gascogne, la France presque entière était aux mains des Anglais. Le duc de Bedfort venait de réduire les principales places de l'Orléanais, et le comte de Salisbury avait reçu l'ordre d'attaquer Orléans. En vain, le *petit roi de Bourges* réunit les États à Chinon pour en obtenir des subsides ; en vain, sortant un instant de son indolence, il adressa aux nobles et aux grands le plus pressant

Hôtel de ville d'Orléans.

appel ; en vain, les capitaines les plus vaillants, Dunois, La Hire, Xaintrailles, s'enfermèrent dans la place pour la défendre ; ce n'était point aux nobles, ni même aux capitaines les plus renommés, qu'était réservée la glorieuse mission de chasser l'étranger. « Le royaume trahi, livré par une femme, par une reine, par l'indigne Isabeau de Bavière, devait, dit M. Duruy, être sauvé, délivré par une fille du peuple, par une vierge ; cette héroïque fille du peuple, cette vierge libératrice, ce fut Jeanne d'Arc. »

Mort de François II.

Venue du fond de la Lorraine jusqu'à Chinon, où se trouvait Charles VII, elle partit de Blois pour Orléans, en 1429, à la tête de 6,000 hommes. Ce fut le 29 avril, à huit heures du soir, que Jeanne fit son entrée à Orléans. Depuis le commencement du siége, au mois d'octobre de l'année précédente, les Anglais avaient entouré la ville d'une ceinture de bastilles ; en outre, ils étaient maîtres du fort des Tourelles, sur la rive gauche de la Loire, à la tête d'un pont dont une arche avait été coupée. La foule était grande dans les rues, à l'arrivée de la vierge de Domremy. C'était à qui toucherait au moins son cheval.

Le lendemain et les jours suivants, elle somma les bastilles du midi de se rendre. Les Anglais l'insultèrent, mais ils en avaient peur. Ils la regardaient comme une sorcière. « Elle chevauchait autour des murs, et le peuple la suivait sans crainte, dit M. Michelet ; elle alla visiter de près les bastilles anglaises ; toute la foule, hommes, femmes et enfants, allait aussi regarder ces fameuses bastilles, où rien ne remuait. Elle ramena la foule après elle à Sainte-Croix pour l'heure des vêpres. Elle pleurait aux offices, et tout le monde pleurait. Le peuple était hors de lui ; il n'avait plus peur de rien ; il était ivre de religion et de guerre. »

Le 4 mai, l'armée de Blois arriva, conduite par Dunois. Le même jour, Jeanne s'empara de la bastille Saint-Loup. Le 6, elle parvint à chasser les Anglais des Augustins. Le 7, elle conduisit une foule d'hommes d'armes et de bourgeois à l'attaque des Tourelles, sur la rive gauche de la Loire, qu'elle avait traversée en bateau. Avant de partir, elle avait annoncé qu'elle serait blessée et qu'elle reviendrait à Orléans par le pont. En effet, à peine l'attaque est-elle commencée, que, voyant les assaillants faiblir, elle prend une échelle pour escalader le mur ; un trait la frappe entre le cou et l'épaule. D'abord, à la vue de son sang, elle s'effraye et verse des larmes; puis, quand elle est pansée, quand elle s'est confessée, elle se relève, elle retourne à l'assaut; elle électrise les Français, elle terrifie les Anglais, elle décide la victoire. Le soir, selon sa prophétie du matin, Jeanne d'Arc, blessée, rentra à Orléans par le pont, dont on avait rétabli à la

Assassinat du duc de Guise.

hâte l'arche rompue. Le lendemain, l'armée de la rive droite leva le camp sans coup férir. « Ainsi fut délivrée la ville d'Orléans et commencée la série des exploits par lesquels Charles VII recouvra, en trois mois, la moitié des provinces qu'il avait perdues. » La délivrance d'Orléans fut suivie de la prise de

Monument de Patay (V. p. 27).

Jargeau et de la bataille de Patay (18 juin), qui ouvrit la route de Reims à la Pucelle.

L'anniversaire de la levée du siége d'Orléans se célèbre encore, chaque année, le 8 mai, par une procession solennelle et par une grande fête populaire.

En 1440, le duc Charles recouvra sa liberté au prix d'une

L'amiral Gaspard de Coligny.

forte rançon, à laquelle les Orléanais contribuèrent pour 9,000 écus d'or. Son fils *Louis* réunit encore une fois le duché d'Orléans à la couronne, en montant sur le trône sous le nom de Louis XII (1498).

Le protestantisme se répandit assez rapidement dans l'Orléanais, où il fut cependant vivement combattu sous Henri II. Après la conjuration d'Amboise, François II vint à Orléans pour y tenir les États généraux (1560). La mort du jeune roi fit alors attribuer au roi de Navarre la lieutenance générale du royaume.

Deux ans après, la guerre civile ayant éclaté, Orléans devint le quartier général des protestants. François de Guise, menant à sa suite Condé, qu'il avait fait prisonnier à Dreux, se préparait à entrer en vainqueur dans Orléans, lorsque Poltrot de Méré le frappa mortellement près du pont Lazin. En 1567, Lanoue surprit Orléans, Condé prit Beaugency.

Lors de la Saint-Barthélemy, l'Orléanais, et surtout sa capitale, se firent remarquer par le fanatisme avec lequel les Calvinistes furent égorgés. Orléans se donna ensuite à la Ligue, et résista à Henri IV, avec Montargis, jusqu'en 1594.

Sous la Fronde, la ville d'Orléans voulut d'abord rester neutre, mais Mademoiselle de Montpensier y étant entrée en faisant enfoncer une porte, y fut reçue avec acclamation par le peuple.

Devenu, à l'avénement de Louis XII au trône, apanage des fils puînés des rois, puis, en 1626, de Gaston, frère de Louis XIII, le duché d'Orléans passa ensuite au frère de Louis XIV, Philippe d'Orléans. Le cinquième descendant de ce prince, Louis-Philippe, proclamé roi des Français, en 1830, laissa le titre de duc d'Orléans à son fils aîné, Ferdinand, qui périt si malheureusement d'une chute de voiture, en 1842.

Pendant la Révolution, Orléans fut désigné (1791) comme siége de la haute cour nationale chargée de juger les grands procès politiques. Suspecte de modérantisme, cette ville fut mise hors la loi et livrée, jusqu'à la réaction de thermidor, aux excès de Collot-d'Herbois et de Barrère.

En 1815, après Waterloo, les Prussiens occupèrent Orléans, tandis que les Cosaques saccageaient Pithiviers.

En 1870, l'Orléanais revit les armées étrangères. Orléans, occupé, le 11 octobre, après une vive résistance, par l'ennemi, qui incendia le faubourg des Aydes et mit à sac les faubourgs Saint-Jean et Bannier, fut repris, par l'armée de la Loire, le 10 novembre, le lendemain de la victoire de Coulmiers. Malheureusement l'ennemi, concentrant dès lors toutes ses forces autour de cette ville, qui devait servir au gouvernement de la Défense nationale de base d'opération pour délivrer Paris, l'occupa de nouveau et définitivement, le 5 décembre, à la suite des combats meurtriers de Patay, Bricy et Boulay. Le général Chanzy, dont les troupes improvisées avaient lutté héroïquement, mais beaucoup souffert, porta son quartier général à Josnes (Loir-et-Cher). Orléans ne fut évacué que le 16 mars 1871.

VII

Personnages célèbres[1].

Sixième siècle. — SAINT AUNAIRE, évêque d'Auxerre, né dans l'Orléanais.

Septième siècle. — SAINT LOUP, vulgairement SAINT LEU, évêque de Sens, né dans l'Orléanais, mort en 623.

Onzième siècle. — La famille DE COURTENAY, alliée à la maison de France ; un de ses membres, PIERRE II, fut élu empereur de Constantinople par les Croisés, en 1217. — ROBERT Ier, dit *le Pieux* (970-1031), roi de France.

Douzième siècle. — BALDRIC, abbé de Bourgueil, auteur d'une *Histoire de la première croisade*, né à Meung, mort en 1130. — MAURICE DE SULLY, évêque de Paris, qui fit commencer Notre-Dame, né à Sully, mort en 1296.

Treizième et quatorzième siècle. — Les trouvères GUILLAUME DE LORRIS (né à Lorris, mort vers 1260) et JEHAN DE MEUNG (né à Meung, mort vers 1320), auteurs du *Roman de la Rose*.

Seizième siècle. — Le poète JEAN DE LA TAILLE (1540-

1. Les personnages dont le lieu de naissance n'est pas indiqué ont vu le jour à Orléans.

1608), né à Bondaroy. — GABRIEL DE MONTGOMERY (1530-1574), né dans l'Orléanais, capitaine de la garde écossaise du roi Henri II, qu'il blessa mortellement dans un tournoi, fut ensuite un des chefs les plus terribles des Calvinistes. — GASPARD DE CHATILLON, sire DE COLIGNY (1517-1572), né à Châtillon-sur-Loing, amiral et maréchal de France, première victime de la Saint-Barthélemy. — ÉTIENNE DOLET, savant imprimeur et poète, né en 1509, brûlé comme hérétique, en 1546. — Le diplomate et érudit calviniste JACQUES BONGARS (1554-1612). — FLORENT CHRÉTIEN (1541-1596), né à Orléans, érudit et poète, précepteur d'Henri IV. — JACQUES GUILLEMEAU (1520-1613), chirurgien de Charles IX et d'Henri IV. — Les architectes A. DU CERCEAU (1515-1585) et VIART.

Dix-septième siècle. — JACQUES DE CAILLY (1604-1673), dit le chevalier D'ACEILLY, poète, auteur d'épigrammes. — Le peintre MICHEL CORNEILLE, LE VIEUX (1601-1664). — GASPARD DE COLIGNY-CHATILLON, maréchal de France sous Louis XIII (1584-1646), né à Châtillon-sur-Loing. — Le mathématicien ALLEAUME, mort vers 1627. — AMELOT DE LA HOUSSAYE (1634-1706), écrivain politique. — JOSEPH RIPAULT-DÉSORMEAUX (1724-1793), avocat et historien. — Madame GUYON (1648-1717), née à Montargis, dont les écrits mystiques furent l'objet d'une controverse célèbre entre Bossuet et Fénelon. — Les jurisconsultes POTHIER (1699-1772) et JOUSSE (1704-1781). — Le P. DENIS PETAU (1583-1652), jésuite, savant théologien et chronologiste. — JACQUES LENFANT, théologien protestant, né à Bazoches (1628-1684). — Les graveurs ANTOINE MASSON (1636-1702), né à Loury, CHARLES (1639-1728) et LOUIS († 1738) SIMONNEAU. — Le physicien J. DE HAUTEFEUILLE, mort en 1724

Dix-huitième siècle. — PIERRE-LOUIS MANUEL (1751-1793), né à Montargis, membre de la Commune de Paris pendant la Révolution. — Le physicien aéronaute CHARLES, inventeur des ballons à gaz hydrogène (1746-1823), né à Beaugency. — Le peintre ANNE-LOUIS GIRODET-TRIOSON (1767-1824), né à Montargis : sa *Scène du déluge*, son chef-d'œuvre, est au musée du Louvre. — ANTOINE PETIT (1718-1794), chirurgien, membre de l'Académie des Sciences. — Mirabeau (1749-1791), le plus grand orateur de la Révolution, né au Bignon. — L'abbé Ysabeau (1754-1851), né à Gien, conventionnel.

Dix-neuvième siècle. — P.-M.-S. Bigot, baron de Morogues, agronome (1776-1840). — Le géomètre Denis-Siméon Poisson, né à Pithiviers, baron de l'Empire (1781-1840). — Duchalais, archéologue, né à Beaugency (1814-1854). — Louis Veuillot, publiciste, né à Boynes (1813-1883). — Le peintre Antigna (1817-1878). — Le physicien Becquerel (1788-1878), né à Châtillon-sur-Loing. — Ulysse Trélat, médecin, né à Montargis en 1795. — L'orientaliste Stanislas Julien (1799-1873). — Henri de Triquety (1802-1874), sculpteur, né à Conflans. — J. Loiseleur, né en 1816, érudit. — É. Fournier, littérateur, né en 1819. — Loison, prédicateur, né en 1827.

VIII

Population, langue, culte, intruction publique.

La *population* s'élève, d'après le recensement de 1881, à 368,526 hab. A ce point de vue, c'est le 41e départ. Le chiffre des hab. divisé par celui des hect. donne 54 hab. par 100 hect. ou par kil. carré : c'est ce qu'on appelle la *population spécifique*. Sous ce rapport, c'est le 55e départ. La France entière ayant 71 hab. par kil. carré, il en résulte que le Loiret renferme, à surface égale, 17 hab. de moins que l'ensemble de notre pays. Depuis 1801, date du premier recensement officiel, le Loiret a gagné 78,387 hab.

La *langue* française est la seule en usage dans le pays.

Les habitants sont presque tous catholiques. On ne compte que 1,500 protestants et 90 israélites.

Le nombre des *naissances* a été, en 1884, de 8,980 (plus 510 mort-nés); celui des *décès*, de 7,928 ; celui des *mariages*, de 2,825. — La *vie moyenne* est de 32 ans 11 mois.

En 1881-82, le *lycée* d'Orléans a compté 554 élèves ; le *collège communal* de Montargis, 203 ; 6 *institutions secondaires libres*, 760 ; en 1883-84, 681 *écoles primaires*,

56,906 ; 100 *écoles maternelles*, 9,834; 262 *cours d'adultes hommes*, 4.987 auditeurs; 33 *cours d'adultes femmes*, 392.

Le recrutement des 3154 jeunes gens de la classe de 1883 a donné les résultats suivants :

Ne sachant pas lire.	354
Sachant au moins lire.	2,784
Dont on n'a pu vérifier l'instruction . . .	16

Sur 57 accusés de crime, en 1881, on a compté :

Accusés ne sachant ni lire ni écrire.	8
— sachant lire et écrire	46
— ayant reçu une instruction supérieure .	3

IX

Divisions administratives.

Le département du Loiret forme le diocèse d'Orléans (suffragant de Paris). — Il fait partie de la 5e région militaire dont le quartier général est à Orléans. — Il ressortit : à la cour d'appel d'Orléans, — à l'Académie de Paris, — à la 5e légion de gendarmerie (Orléans), — à la 5e inspection des ponts et chaussées (Châlons), — à la 19e conservation des forêts (Tours), — à l'arrondissement minéralogique de Paris (division du Nord-Ouest), — à la 4e région agricole (Centre). — Il comprend : 4 arrondissements (Gien, Montargis, Orléans, Pithiviers), 31 cantons, 349 communes.

Chef-lieu du département : ORLÉANS.

Chefs-lieux d'arrondissement : GIEN, MONTARGIS, ORLÉANS, PITHIVIERS.

Arrondissement de Gien (5 cant.; 49 com.; 147,158 hect.; 59,513 h.).

Canton de Briare (14 com. ; 32,583 hect. ; 15,068 h.). — Adon — Batilly — Bonny — Breteau — Briare — Bussière (La) — Champoulet — Dammarie-en-Puisaye — Escrignelles — Faverelles — Feins — Ousson — Ouzouer-sur-Trézée — Thou.

Canton de Châtillon-sur-Loire (6 com. ; 22,270 hect. ; 10,410 h.). — Autry — Beaulieu — Cernoy — Châtillon — Pierrefitte — St-Firmin.

Canton de Gien (12 com.; 35,933 hect; 17,695 h..). — Arrabloy — Boismorand — Choux (Les) — Coullons — Gien — Langesse — Moulinet (Le) — Nevoy — Poilly — St-Brisson — St-Gondon — St-Martin-sur-Ocre.

Canton d'Ouzouer-sur-Loire (7 com. ; 20,809 hect.; 7,035 h.).— Bonnée

— Bordes (Les) — Bray — Dampierre — Montereau — Ouzouer-sur-Loire — Saint-Benoît.

Canton de Sully-sur-Loire (10 com.; 35,563 hect.; 9,307 h.). — Cerdon — Guilly — Isdes — Lion-en-Sullias — Saint-Aignan-le-Jaillard — Saint-Florent — Saint-Père — Sully-sur-Loire — Viglain — Villemurlin.

Arrondissement de Montargis (7 cant.; 95 com.; 167,657 hect.; 82,149 h.).

Canton de Bellegarde (12 com.; 14,930 hect.; 7,640 h.). — Auvilliers — Beauchamps — Bellegarde — Chapelon — Fréville — Ladon — Mézières-sous-Bellegarde — Moulon — Nesploy — Ouzouer-sous-Bellegarde — Quiers — Villemoutiers.

Canton de Châteaurenard (10 com.; 26,603 hect.; 11,675 h.). — Châteaurenard — Chuelles — Douchy — Gy-les-Nonains — Melleroy — Montcorbon — Saint-Firmin-des-Bois — Saint-Germain-des-Prés — Selle-en-Hermoy (La) — Triguères.

Canton de Châtillon-sur-Loing (13 com.; 31,450 hect.; 12,038 h.). — Aillant-sur-Milleron — Chapelle-sur-Aveyron (La) — Charme (Le) — Châtillon-sur-Loing — Cortrat — Dammarie-sur-Loing — Montbouy — Montcresson — Nogent-sur-Vernisson — Pressigny — Sainte-Geneviève-des-Bois — Saint-Maurice-sur-Aveyron — Solterre.

Canton de Courtenay (15 com.; 22, 335 hect; 8,573 h.). — Bazoches — Chantecoq — Chapelle-Saint-Sépulcre (La) — Courtemaux — Courtenay — Ervauville — Foucherolles — Louzouer — Mérinville — Pers — Rosoy-le-Vieil — Saint-Hilaire-lès-Andrésis — Saint-Loup-de-Gonnois — Selle-sur-le-Bied (La) — Thorailles.

Canton de Ferrières (17 com.; 27,356 hect.; 11,403 h.). — Bignon (Le) — Chevannes — Chevry — Corbeilles — Courtempierre — Dordives — Ferrières — Fontenay — Girolles — Gondreville — Grizelles — Mignères — Mignerette — Nargis — Préfontaines — Sceaux — Treilles.

Canton de Lorris (13 com.; 22,480 hect.; 8,231 h.). — Chailly — Changy — Coudroy — Cour-Marigny (La) — Lorris — Noyers — Oussoy — Ouzouer-des-Champs — Presnoy — Saint-Hilaire-sur-Puiseaux — Thimory — Varennes — Vieilles-Maisons.

Canton de Montargis (15 com.; 22,503 hect.; 22,589 h.). — Amilly — Cepoy — Châlette — Chevillon — Conflans — Corquilleroy — Lombreuil — Montargis — Mormant — Pannes — Paucourt — Saint-Maurice-sur-Fessard — Villemandeur — Villevoques — Vimory.

Arrondissement d'Orléans (14 cant.; 107 com.; 241,500 hect 1 7,739 h.).

Canton d'Artenay (11 com.; 19,632 hect.; 6,510 h.). — Artenay — Bucy-le-Roi — Cercottes — Chevilly — Creuzy — Gidy — Huêtre — Lion-en-Beauce — Ruan — Sougy — Trinay.

Canton de Beaugency (7 com.; 14,375 hect.; 11,801 h.). — Baule — Beaugency — Cravant — Lailly — Messas — Tavers — Villorceau.

Canton de Châteauneuf (12 com.; 31,593 hect.; 12,806 h.). — Bouzy

— Châteauneuf — Châtenoy — Combreux — Fay-aux-Loges — Germigny-des-Prés — Saint-Aignan-des-Gués — Saint-Denis-de-l'Hôtel — Saint-Martin-d'Abbat — Seichebrières — Sury-aux-Bois — Vitry-aux-Loges.

Canton de Cléry (5 com.; 15,298 hect.; 6,291 h.). — Cléry — Dry — Jouy-le-Potier — Mareau-aux-Prés — Mézières.

Canton de la Ferté-Saint-Aubin (7 com.; 30,938 hect.; 9,223 h.). — Ardon — La Ferté-Saint-Aubin — Ligny-le Ribault — Marcilly-en-Villette — Ménestreau — Sennely — Vannes.

Canton de Jargeau (9 com.; 20,844 hect ; 10,244 h.). — Darvoy — Férolles — Jargeau — Neuvy-en-Sullias — Ouvrouer-les-Champs — Sandillon — Sigloy — Tigy — Vienne-en-Val.

Canton de Meung (9 com.; 19,051 hect.; 10,116 h.). — Baccon — Bardon (Le) — Charsonville — Coulmiers — Épieds — Huisseau-sur-Mauves — Meung — Rozières — Saint-Ay.

Canton de Neuville-aux-Bois (10 com.; 21,178 hect.; 9,265 h.). — Bougy — Ingrannes — Loury — Neuville-aux-Bois — Rebréchien — Saint-Lyé — Sully-la-Chapelle — Traînou — Vennecy — Villereau.

Cantons Est et Ouest d'Orléans (19,405 et 15,934 h.). — 2 sections de la com. d'Orléans.

Canton Nord-Est d'Orléans (10 com.; 9,081 hect.; 15,512 h.). — Boigny — Bou — Chécy — Combleux — Donnery — Mardié — Marigny — Orléans — Saint-Jean-de-Braye — Semoy.

Canton Nord-Ouest d'Orléans (9 com.; 12,854 hect.; 21,100 h.). — Boulay — Chaingy — Chanteau — Chapelle-Saint-Mesmin (La) — Fleury-aux-Choux — Ingré — Orléans — Saint-Jean-de-la-Ruelle — Saran.

Canton Sud d'Orléans (7 com.; 12,095 hect.; 14,540 h.). — Olivet — Orléans — Saint-Cyr-en-Val — Saint-Denis-en-Val — Saint-Hilaire-Saint-Mesmin — Saint-Jean-le-Blanc — Saint-Pryvé-Saint-Mesmin.

Canton de Patay (15 com.; 20,569 hect.; 6,994 h.). — Bricy — Bucy-Saint-Liphard — Chapelle-Onzerain (La) — Coinces — Gémigny — Ormes — Patay — Rouvray-Sainte-Croix — Saint-Péravy-la-Colombe — Saint-Sigismond — Tournoisis — Villamblain — Villeneuve-sur-Conie.

Arrondissement de Pithiviers (5 cant.; 98 com.; 120,248 hect.; 59,125 h.).

Canton de Beaune-la-Rolande (19 com.; 22,484 hect.; 14,048 h.). — Auxy — Barville — Batilly — Beaune-la-Rolande — Boiscommun — Bordeaux — Chambon — Chemault — Courcelles — Égry — Gaubertin — Juranville — Lorcy — Montbarrois — Montliard — Nancray — Nibelle — Saint-Loup-des-Vignes — Saint-Michel.

Canton de Malesherbes (18 com.; 20,998 hect.; 7,607 h.). — Audeville — Césarville — Coudray — Dossainville — Engenville — Intville-la-Guétard — Labrosse — Mainvilliers — Malesherbes — Manchecourt — Morville — Nangeville — Orveau — Pannecières — Ramoulu — Rouvres — Sermaises — Thignonville.

Canton d'Outarville (25 com.; 30,160 hect.; 11,800 h.). — Allainville — Andonville — Aschères — Attray — Autruy — Bazoches-les-Gallerandes — Boisseaux — Charmont — Châtillon-le-Roi — Chaussy — Crottes — Erceville — Faronville — Grigneville — Guignonville — Izy — Jouy-en-Pithiverais — Léouville — Montigny — Oison — Outarville — Saint-Péravy-Épreux — Teillay-le-Gaudin — Teillay-Saint-Benoît — Tivernon.

Canton de Pithiviers (23 com.; 34,306 hect.; 18,303 h.). — Ascoux — Bondaroy — Bouilly — Bouzonville-aux-Bois — Bouzonville-en-Beauce — Boynes — Chilleurs-aux-Bois — Courcy — Dadonville — Escrennes — Estouy — Givraines — Guigneville — Laas — Mareau-aux-Bois — Marsainvilliers — Pithiviers — Pithiviers-le-Vieil — Santeau — Sébouville — Vrigny — Yèvre-la-Ville — Yèvre-le-Châtel.

Canton de Puiseaux (13 com.; 12,300 hect.; 7,277 h.). — Augerville — Aulnay-la-Rivière — Boësse — Briarres — Bromeilles — Desmonts — Dimancheville — Echilleuses — Grangermont — Neuville (La) — Ondreville — Orville — Puiseaux.

X

Agriculture, productions.

Sur les 677,119 hectares du département, on compte :

Terres labourables	417,430 hectares.
Prés et vergers	19,893
Vignes	29,466
Bois	116,765
Pâturages et pacages	5,125
Terres incultes	16,175
Superficies bâties, voies de transport, etc.	72,064

En 1881 on comptait dans le départ. du Loiret : 39,505 chevaux, 506 mulets, 5,000 ânes, 118,460 animaux de l'espèce bovine; 351,190 moutons dont 59,190 de races perfectionnées (720,902 kilogrammes de laine en 1881), généralement petits et chétifs, mais recherchés pour la délicatesse de leur chair et la finesse de leur toison ; 32,000 porcs ; 2,157 chèvres, et plus de 26,000 chiens. La volaille, surtout les *oies*, est assez nombreuse ; mais les *abeilles* sont de la part des paysans l'objet de soins particuliers. Chaque année, on mène les abeilles en herbage, c'est-à-dire on les transporte d'un pays à l'autre et dans les départements voisins. Là des propriétaires de vastes champs de sarrasin et de bruyère y laissent déposer les ruches, moyennant un droit fixe de 50 centimes par ruche, et les abeilles y puisent les éléments d'un miel abondant et savoureux. On estime le produit net et annuel d'une ruche à 6 fr. 25,498 ruches ont donné, en 1881, 165,737 kilog. de miel et 38,247 de cire. — On élève aussi quelques *vers à soie*, notamment à Châteaurenard.

L'agriculture est dans un état relativement prospère, car la stérilité de la Sologne est compensée par les céréales de la Beauce, le safran du Gâtinais et les vins des coteaux de la Loire, du Loing et de l'Essonne.

La récolte en **céréales** est considérable et de beaucoup supérieure à la consommation, mais elle ne peut suffire à l'énorme trafic de blé qui se fait à Orléans. Les marchands de cette dernière ville en achètent des quantités considérables dans l'Anjou, l'Auvergne, la Beauce d'Eure-et-Loir et de Loir-et-Cher, dans le bas Poitou, et en font l'objet d'une spéculation lucrative en les exportant dans les départements où la récolte a été insuffisante. Le meilleur *froment* vient de la Beauce, mais celui du Gâtinais et du Val de Loire est également estimé. Le *méteil* est cultivé principalement dans le Gâtinais et particulièrement dans l'arrondissement de Montargis ; le *seigle*, dans ceux d'Orléans et de Gien. La culture de l'avoine est de beaucoup la plus répandue ; la culture de l'*orge*, quoique moindre, a pourtant une certaine importance.

Le **safran**, plante tinctoriale, est cultivé en grand dans quelques cantons septentrionaux du département : celui de Pithiviers est principalement estimé. La récolte se fait en octobre : quand elle est abondante, c'est une fortune pour les cultivateurs.

La production vinicole du Loiret est très-importante ; mais, à part quelques vignobles, ses **vins** ne s'élèvent pas au-dessus des vins communs. Les meilleurs crus sont Guignes, la côte de Saint-Jean-de-Braye, Saint-Jean-le-Blanc et Beaugency.

Le Loiret offre, dans le Gâtinais, des *prairies naturelles* très-belles, mais de peu d'étendue ; les prairies artificielles sont beaucoup plus communes. Les plantes potagères et légumineuses, sans être cultivées en grand, sont très-abondantes sur tout le territoire du département. Les *navets* notamment et les *asperges* y sont d'excellente qualité : celles-ci, parsemées dans les vignes des environs d'Orléans, y atteignent d'énormes proportions.

En 1884, on a récolté dans le départ. 1,573,500 hectol. de froment, 279,650 de méteil et 478,000 de seigle, 481,000 hectol. d'orge, 1,985,500 d'avoine, 23,500 de sarrasin, 1,200 de maïs, 903,000 de pommes de terre, 362,500 quintaux de betteraves à sucre et 1,011,575 de betteraves fourragères, 7,500 de graines de colza, 1,160 de chanvre (filasse ; 130 de graines), 475,625 de foin, 553,000 de trèfle, 753,000 de luzerne, 414,250 de sainfoin, 40,892 hectolitres de cidre (en 1883) et 568,037 hectolitres de vin.

Le pays est couvert de bois (38,323 hectares appartiennent à l'État), mais deux d'entre eux seulement méritent le nom de **forêts**. La *forêt d'Orléans*, la plus grande de France, a une étendue de 40,508 hectares. Elle se compose presque exclusivement de chênes, de charmes et de bouleaux. La *forêt de Montargis* a 30 kilomètres de tour et 8,516 hectares de superficie. Les essences sont les mêmes que dans celle d'Orléans ; comme elle aussi, elle est peuplée de loups, de cerfs, de chevreuils et de renards. — Outre les arbres de ces forêts, on rencontre, dans le département, des hêtres et des trembles, répandus dans quelques bois; de belles plantations d'aunes et de peupliers bordent certains ruisseaux et quelques rivières. Tous les arbres fruitiers du centre et du nord de la France, les poiriers, les pommiers, dont les fruits sont convertis en cidre dans l'arrondissement de Montargis, les cognassiers, dont les coings donnent d'excellentes confitures, et les pruniers, réussissent sans peine sur tout le territoire. Enfin, Orléans possède de nombreux établissements d'horticulteurs pépiniéristes dont les produits sont très-estimés.

XI

Industrie.

Le nombre des ouvriers occupés à l'exploitation des carrières n'est pas considérable. On compte, dans le Loiret, environ 200 *carrières de pierres*, dont le rendement annuel peut s'élever à 250,000 francs, et qui emploient 230 ouvriers. Les principales carrières se trouvent à Châtillon-sur-Loire, Épieds, Fay-aux-Loges, Briare, la Chapelle-Saint-Mesmin, Meung et Pithiviers. — Un beau *grès pour pavage* s'extrait sur le territoire de Malesherbes. — 40 carrières environ de *pierre à chaux*, répandues dans les communes de Chevilly, Fay-aux-Loges, Mareau-aux-Prés, Loury, Meung, et 3 carrières de *pierre à plâtre* alimentent les nombreux fours du département ; elles occupent ensemble environ 240 ouvriers et donnent un revenu évalué approximativement à 180,000 francs. — Les *sablières* et *marnières*, au nombre de 80, occupent environ 300 ouvriers et produisent annuellement 240,000 francs. — Il existe aussi des carrières de craie près de Gien. — Enfin, 30 carrières d'*argile* (80 ouvriers, 100,000 francs par an) sont répandues dans les communes de Bellegarde, Saran et Lorris.

Parmi les *eaux minérales* du département, celles de Segray, près de Pithiviers-le-Vieil, sont seules utilisées. Elles sont froides, contiennent des sulfates de fer, de magnésie et de chaux, et s'emploient contre la chlorose.

L'industrie manufacturière du Loiret, quoique aujourd'hui bien déchue, est encore représentée par un nombre assez considérable d'établissements. Le département compte : 65 poteries (700 ouvriers), situées principalement à Orléans et dans les environs de Briare ; 125 tuileries, occupant ensemble 500 ouvriers ; 68 fours à chaux et 29 à plâtre, et 1,000 moulins à farine (les plus beaux sont ceux d'Olivet, de Saint-Pryvé-Saint-Mesmin, sur la Loire, et de Meung, sur la Mauve.

Les *établissements métallurgiques* en activité sont : les fonderies de fer et de cuivre d'Orléans ; la fonderie de cloches de Saint-Jean-de-Braye ; les fabriques de pointes et de clous à la mécanique, de limes, de chandeliers et d'étrilles d'Orléans ; les fabriques d'instruments aratoires d'Orléans et de Pithiviers, de charrues de Saint-Denis-de-l'Hôtel ; la fabrique d'épingles d'Orléans.

La *filature* la plus importante est la filature de bourre de soie d'Amilly (320 ouvriers, 10,750 broches, 60 chevaux-vapeur), l'une des plus anciennes de la France. Les serges se fabriquent à Châtillon-sur-Loing. Orléans a des manufactures de couvertures de laine ouvrées et unies. La *bonneterie* occupe une place importante dans l'industrie du département. Le nombre total des établissements pour la filature et le tissage de la laine dans le Loiret s'élève à 19, occupant 779 ouvriers (6,070 broches, dont 1,170 sont inactives, 590 métiers).

Sauf les produits de quelques vignobles d'élite (*V.* ci-dessus, *Agriculture*, p. 34), les vins blancs du Loiret sont en partie convertis en vinaigre. Les localités possédant des vinaigreries sont les suivantes: Beaugency, Beaune-la-Rolande, Bonny, Châteauneuf-sur-Loire, Saint-Denis-de-l'Hôtel, Fleury-aux-Choux, Givraines, Saint-Hilaire-Saint-Mesmin, Ingré, Malesherbes, Meung, Orléans, Olivet et Saran, etc., dont le vinaigre se débite sous le nom de *vinaigre d'Orléans*.

Une autre industrie, également très répandue dans le département, comme nous l'avons dit plus haut, c'est la fabrication des poteries et faïences. Un des établissements les plus considérables en ce genre est la **manufacture de faïence** anglaise et faïences artistiques **de Gien** (1435 ouvriers), l'une des plus importantes de la France : son produit a atteint en 1881 une valeur de 2,840,000 fr. pour la porcelaine opaque, et 2,800,000 pour la faïence. La fabrique de carreaux fins de cette même ville donne des produits estimés. Deux poteries, qui occupent ensemble 250 ouvriers, ont en outre fabriqué pour 900,000 francs de marchandises. Briare possède une fabrique importante (1,500 ouvriers) de boutons dits boutons-agates et de perles céramiques, avec succursale à Gien.

De nombreuses *tanneries* préparent des cuirs assez renommés pour être exportés jusqu'en Italie. Outre celles de Meung, les plus connues, et celles de Ferrières, nous citerons les tanneries de Beaugency, Châtillon-sur-Loing, Gien, Malesherbes et Montargis. Orléans, Montargis, Pithiviers, Malesherbes et Courtenay ont des corroieries ; Orléans, Montargis, Pithiviers et Malesherbes, des mégisseries.

Les cours d'eau du Loiret mettent en mouvement quelques *papeteries;* ce sont : celle de Saint-Pryvé, mue par les eaux du Loiret; celle de Montargis, sur le Loing. — Une sucrerie importante est établie à Pithiviers-le-Vieil (320 ouvriers, 27,000 quintaux métriques de sucre ou de mélasse en 1881). — On trouve des blanchisseries de cire à Orléans; des minoteries à vapeur à Orléans et à Patay; une verrerie à Saint-Jean-le-Blanc; des distilleries à Beaugency, Malesherbes, Montargis et Orléans; et enfin, dans cette dernière ville, des scieries mécaniques, des fabriques de billards et d'articles d'ameublement, des fabriques de parapluies, etc.

Le Loiret compte, en outre, un certain nombre d'établissements d'une assez grande importance : telles sont la *manufacture de caoutchouc* située au hameau de Langlée (commune de Châlette) ; une fabrique de charpentes, de grilles, de lits en fer et d'articles de jardin, à Orléans ; les fabriques de pressoirs d'Orléans et de Jargeau ; l'usine très importante de Loury pour la fabrication de la chaux, de la tuile et des tuyaux de drainage; la tuilerie mécanique de la Ferté-Saint-Aubin, etc. Enfin, les environs d'Orléans, de Jargeau et de Saint-Benoît-sur-Loire fabriquent des fromages renommés, dits fromages d'Olivet, tandis que Pithiviers exporte ses fameux pâtés d'alouettes et les gâteaux d'amandes qui jouissent d'une si juste réputation. En résumé, le département possède 379 établissements industriels, mis en mouvement par 490 machines, de la force totale de 4262 chevaux.

XII

Commerce, chemins de fer, routes.

Le Loiret *importe* principalement des articles de modes et de librairie, des meubles, des denrées coloniales, des ardoises, du fer, 249,000 tonnes de houille provenant de la Belgique et des bassins français de Commentry, de la Loire, de Valenciennes, de Brassac, du Creuzot, de Blanzy, de Decize, Saint-Étienne, Aubin, Ahun et Langeac.

L'exportation, fort active, consiste surtout en céréales, récoltées dans la Beauce et dont les principaux débouchés sont Étampes et Corbeil, où des marchands de la Seine viennent les acheter (ainsi qu'à Orléans), pour l'approvisionnement de la capitale; en safran, fourni par le Gâtinais; en vinaigre, expédié sous le nom de vinaigre d'Orléans, dans les principales villes de France; en vins, qui sont transportés dans les départements de l'Aisne, du Cher, d'Eure-et-Loir, de l'Indre, de la Seine, de la Seine-Inférieure, de Seine-et-Oise et de la Somme; en animaux de l'espèce bovine, chevaux, farines, eaux-de-vie, châtaignes, miel, cire, sel, bois, charbon de bois, bonneterie, laines, toiles, cuirs, faïences, asperges, orge, avoine, chocolat, liqueurs, conserves alimentaires, produits chimiques, etc., et généralement dans tous les produits de son industrie agricole et manufacturière.

Le département du Loiret est traversé par 12 chemins de fer, d'un développement total de 511 kil., et plusieurs autres sont en construction.

1° Le chemin de fer *de Paris à Tours* pénètre dans le départ. du Loiret près du village de Boisseaux, dont il parcourt le territoire sur une longueur de 2 kil., rentre dans Eure-et-Loir, qu'il quitte de nouveau pour courir (3 kil.) sur la commune de Tivernon, ressort une seconde fois du Loiret et y entre définitivement sur le territoire de Ruan, à 1,500 mèt. au delà de la station de Château-Gaillard. Sur son parcours dans le départ., qui est de 60 kil., il dessert Artenay, Chevilly, Cercottes, les Aubrais, Orléans, la Chapelle-Saint-Mesmin, Saint-Ay, Meung, puis traverse sur un beau viaduc en pierre de 25 arches les ruisseaux appelés les Mauves. A 4 kil. 1/2 au delà de la station de Beaugency, un peu après le viaduc de Tavers, la voie ferrée sort du Loiret pour entrer dans Loir-et-Cher.

2° Le chemin de fer *d'Orléans à Vierzon*, après avoir franchi la Loire sur un pont de 15 arches, passe à Saint-Cyr-en-Val, puis à la Ferté-Saint-Aubin, à 7 kil. de laquelle il entre dans le département de Loir-et-Cher. Son parcours est de 29 kil. dans celui du Loiret.

3° Le chemin de fer *de Paris à Nevers* passe, à 3 kilomètres environ au delà de Souppes, du département de Seine-et-Marne dans celui du Loiret. Il dessert Ferrières-Fontenay, Montargis, Solterre, Nogent-sur-Vernisson, les Choux-Boismorand, Gien, Briare et Châtillon-sur-Loire. A 1 kilomètre environ au delà de la station de Bonny, au hameau de Villeneuve, après avoir franchi la Cheuille, il quitte le département du Loiret, qu'il a parcouru sur 78 kil., pour entrer dans celui de la Nièvre.

4° La ligne *de Paris à Montargis par Corbeil* entre dans le Loiret à 2 kilomètres environ avant la station de Malesherbes, dessert les stations de Malesherbes, de la Brosse, de Puiseaux, Beaumont, Beaune-la-Rolande, Lorcy, Mignères, et se rattache à la ligne de Paris à Nevers, à 2 kilomètres environ avant la station de Montargis, après un parcours de 43 kilomètres dans le Loiret.

5° Le chemin de fer *de Malesherbes à Orléans* se détache de la ligne de Paris à Montargis par Corbeil à 2 kilomètres au delà de Malesherbes, et se rattache à la ligne de Paris à Orléans à 3 kilomètres environ avant cette ville, après avoir desservi, sur un parcours de 58 kilomètres, les stations de Manchecourt, Pithiviers, Escrennes, Chilleurs-Montigny, Neuville-aux-Bois, Loury-Rebréchien, Marigny et Orléans.

6° Le chemin de fer *d'Orléans à Gien* (53 kilomètres) a pour stations : Saint-Jean-de-Braye, Chécy-Mardié, Saint-Denis-Jargeau, Châteauneuf-sur-Loire, Saint-Benoît, les Bordes et Ouzouer-Dampierre.

7° La ligne *d'Orléans à Rouen* n'a que trois stations dans le département, où son développement est de 23 kilomètres : Villeneuve-d'Ingré, Bricy et Patay.

8° Le chemin de fer *d'Orléans à Châlons-sur-Marne* dessert Fleury-aux-Choux, Vennecy, Donnery, Fay-aux-Loges, Vitry-aux-Loges, Combreux, Boiscommun-Nibelles, Montliard, Bellegarde-Quiers, Ladon, Saint-Maurice-sur-Fessard, Pannes, Montargis, la Chaussée, Amilly, Saint-Germain-des-Prés, Châteaurenard, Triguères, Chuelles et Courtenay; puis il entre dans le département de l'Yonne, après un parcours de 114 kilomètres dans celui du Loiret.

9° Le chemin de fer *de Patay à Châteaudun* n'a que 6 kil. dans le départ. du Loiret, qu'il quitte pour entrer dans celui d'Eure-et-Loir.

10° Le chemin de fer *de Beaune-la-Rolande à Bourges* a pour stations Beaune-la-Rolande (ville), Saint-Loup-des-Vignes, Bellegarde-Quiers, Beauchamp, Lorris, les Bordes, Sully-sur-Loire, Villemurlin et Cerdon; puis il entre dans le départ. du Cher. Parcours, 67 kil.

11° Le chemin de fer *de Triguères à Clamecy* n'a qu'une station dans le Loiret, où il a un parcours de 8 kil.

12° Le chemin de fer *de Gien à Auxerre* dessert Ouzouer-sur-Trézé et Breteau, avant d'entrer dans le départ. de l'Yonne. Parcours, 23 kil.

Les voies de communication comptent 6,565 kilomètres, savoir.

12 chemins de fer.	511 kil.
8 routes nationales	436 1/2
19 routes départementales	538
Chemins vicinaux de grande communication	1,394
— d'intérêt commun	507
— ordinaires	2,690
1 rivière navigable	129
4 canaux.	159 1/2

XIII

Dictionnaire des communes.

Les chiffres de la population sont ceux du recensement de 1881

Adon, 480 h., c. de Briare. ⇝ Chapelle romane de Sainte-Bathilde.

Aignan-des-Gués (Saint-), 172 h., c. de Châteauneuf.

Aignan-le-Jaillard(Saint-), 630 h., c. de Sully.

Aillant-sur-Milleron, 595 h., c. de Châtillon-sur-Loing.

Allainville, 330 h., c. d'Outarville.

Amilly, 2,535 h., c. de Montargis. ⇝ Église de la Renaissance. — Fabrique de bourre de soie dans un vaste bâtiment du XVIIe s. — Château des Bourgoins (collection de tableaux).

Andonville, 360 h., c. d'Outarville.

Ardon, 598 h., c. de la Ferté.

Arrabloy, 175 h., c. de Gien. ⇝ Belles ruines d'un château bâti, en 1285, par Jean d'Arrabloy, confident du roi Philippe le Bel; dans l'église, tombeau de ce seigneur, avec statue (1310).

Artenay, 1,032 h., ch.-l. de c. de l'arrond. d'Orléans.

Aschères, 1,326 h., c. d'Outarville.

Ascoux, 590 h., c. de Pithiviers.

Attray, 391 h., c. d'Outarville.

Audeville, 291 h., c. de Malesherbes.

Augerville-la-Rivière, 267 h., c. de Puiseaux. ⇝ Château du XVIe s., ayant appartenu à Berryer, et dans lequel le célèbre orateur est mort le 25 novembre 1868.

Aulnay-la-Rivière, 632 h., c. de Puiseaux.

Autruy, 872 h., c. d'Outarville.

Autry, 1,622 h., c. de Châtillon-sur-Loire. ⇝ Château ruiné.

Auvilliers, 574 h., c. de Bellegarde. ⇝ Dans le château, curieuses statues anciennes.

Auxy, 1,236 h., c. de Beaune-la-Rolande. ⇝ Église des XIIe et XIVe s.; châsse d'un travail remarquable.

Ay (Saint-), 1,031 h., c. de Meung.

Baccon, 700 h., c. de Meung.

Bardon (Le), 836 h., c. de Meung.

Barville, 526 h., c. de Beaune-la-Rolande.

Batilly, 698 h., c. de Beaune-la-Rolande. ⇝ Église du XIIIe s.; clocher roman; devant la façade, belles ruines d'une tour fortifiée.

Battilly-sur-Loire, 338 h., c. de Briare.

Baule, 1,015 h., c. de Beaugency.

Bazoches-les-Gallerandes, 1,176 h., c. d'Outarville. ⇝ Église du XIIe s.

Bazoches-sur-le-Betz, 496 h., c. de Courtenay.

Beauchamp, 608 h., c. de Bellegarde.

Beaugency, 4,459 h., ch.-l. de c. de l'arrond. d'Orléans, sur la rive droite de la Loire. ⇝ *Église Notre-Dame*,

Château d'Augerville.

du XIᵉ s., autrefois dépendance d'une abbaye dont il reste de beaux bâtiments du XVIIᵉ et du XVIIIᵉ s.; deux tours des XIIᵉ et XIIIᵉ s.; trois nefs; transsept; chapelles autour du chœur. — *Église Saint-Étienne* (XIᵉ s.), convertie en magasin. — *Tour Saint-Firmin* (1530), ancien clocher d'une église. Près de là, *hospice* en partie de la Renaissance, partie du XVIIᵉ s. (chapelle en partie du XIIᵉ s.). — *Tour de César*, un des donjons romans les plus remarquables que possède la France; il remonte au XIᵉ s. et dépend d'un *château* qui fut reconstruit au XVᵉ s. par Dunois (jolie chapelle; bel escalier de 1530) et qui sert aujourd'hui de dépôt de mendicité. — *Hôtel de ville* des premiers temps de la Renaissance (règne de Louis XII), renfermant de belles tapisseries et la bibliothèque communale. — Restes des fortifications, *porte Tavers*; *tour de l'Horloge* (ancienne porte Vendômoise), à côté de l'ancien hôtel de ville (prison). — *Pont* de 26 arches, dont plusieurs remontent au XVᵉ s. — Curieuses *maisons* des XVᵉ et XVIᵉ s. — Promenades du *Grand* et du *Petit-Mail*.

Beaulieu, 2,550 h., c. de Châtillon-sur-Loire. ⟶ Église des XIIᵉ et XVIᵉ s.

Beaune-la-Rolande, 1,874 h., ch.-l. de c. de l'arrond. de Pithiviers. ⟶ Église du XVᵉ s., construite aux frais de Charles VII; belle flèche moderne en plomb sur une tour du XIIIᵉ s. formant à la partie inférieure un porche qui n'était autrefois accessible que par un pont-levis; crypte du XIᵉ s. ornée d'anciennes peintures murales et renfermant le tombeau de saint Pipe, solitaire, né à Beaune († 1309); tabernacle en bois sculpté, de la Renaissance.

Bellegarde, 1,217 h., ch.-l. de c. de l'arrond. de Montargis. ⟶ Église des XIᵉ et XIIᵉ s.; remarquable façade romane. — Beau pavillon à tourelles et bâtiments importants, restes d'un château rebâti au XVIIᵉ s.

Benoît-sur-Loire (Saint-), 1,584 h., c. d'Ouzouer. ⟶ *L'église Saint-Benoît* est un des édifices les plus remarquables de la France et le plus curieux du départ. du Loiret. Elle faisait partie d'une puissante et célèbre abbaye de Bénédictins, fondée en 620. Commencée en 1026, elle fut consacrée en 1131 et complètement terminée en 1218. L'église a la forme d'une croix archiépiscopale, c'est-à-dire qu'elle a deux transsepts. Des bas-côtés flanquent la nef et le chœur, et font le tour de l'abside, donnant accès à deux chapelles. A l'est de chaque croisillon du grand transsept s'ouvrent deux absidioles; le petit transsept n'en a qu'une de chaque côté. La façade est précédée d'un porche, ouvert de trois côtés et partagé en trois nefs dans tous les sens. Des arcades d'un style sévère, reliées par des voûtes d'arêtes, reposent sur d'énormes piliers flanqués de colonnes dont les chapiteaux historiés, à feuillages, et imitant souvent le corinthien, sont les plus remarquables qui nous restent du XIᵉ s. Les sujets, tirés de l'Apocalypse ou de la Genèse, sont rendus avec beaucoup d'énergie. Umbert, qui a écrit son nom sur un des chapiteaux, est peut-être l'auteur de toutes ces sculptures. Au-dessus du porche s'étend une salle plus élevée, offrant les mêmes dispositions, mais moins ancienne (fin du XIᵉ s.), et au-dessus de laquelle devait s'élever un immense clocher fortifié, qui a été détruit. Les transsepts n'ont pas de portails; mais une porte latérale, percée au N. de la nef, est un des beaux types du XIIIᵉ s. « Six grandes statues horriblement mutilées se dressent en cariatides de chaque côté de la baie, accolées aux colonnes qui soutiennent la voussure; on reconnaît à droite Abraham tenant d'une main le glaive du sacrifice, tandis que l'autre main est posée sur la tête d'Isaac debout devant lui; un ange retient son bras. Vis-à-vis est David avec sa harpe; les autres personnages sont sans attributs.... Le linteau représente l'enlèvement du corps de saint Benoît du Mont-Cassin et les miracles qui s'opérèrent à cette occasion.... Au-dessus, dans le tympan, cinq lobes se dessinent pour recevoir cinq personnages; Jésus-Christ, au centre, et les quatre Évangélistes..... La première archivolte de la voussure est garnie d'anges, la seconde, de personnages tenant en main des livres ou des phylactères roulés; les trois cordons de la voussure se composent de larges moulures à l'ornementation fleurie. » La nef comprend sept travées. Les arcades qui séparent les collatéraux de la grande nef sont en ogive; des voûtes d'arêtes nues couvrent les bas-côtés, celles de la grande nef sont à nervures. Les chapiteaux historiés de la nef représentent des scènes de la vie de saint Benoît. Le transsept principal est séparé, par six arcades formant le chœur, du transsept secondaire, placé à la naissance du rond-point. Les voûtes du grand transsept et du chœur sont en berceau. Sur la voûte en coupole de l'intertranssept s'élève une tour carrée à deux étages. C'est sous cette coupole que se trouve le *tombeau de Philippe Ier* (XIIe s.), formé d'une dalle portant la statue du roi et reposant sur quatre lions. Les stalles (1413) sont d'un fort beau travail; elles sont surmontées de dais sur lesquels sont sculptés d'un côté des figures de religieux, de l'autre, des oiseaux de nuit. Le buffet d'orgues est soutenu par deux grandes statues en marbre (XVIIIe s.) représentant David et sainte Cécile. La sacristie renferme de belles châsses et un sarcophage du VIIe s. Une crypte s'étend sous le chœur. — De l'*abbaye*, il ne reste qu'une maison du XIIIe s., qui faisait partie des écoles. — La cour de l'auberge de la Madeleine présente, sur une fenêtre, des restes de sculpture romane provenant du monastère.

Boesses, 781 h., c. de Puiseaux. ⋙→ Église du XIIe s.

Boigny, 332 h., c. (Nord-Est) d'Orléans.

Boiscommun, 1,150 h., c. de Beaune-la-Rolande. ⋙→ Belle église du XIIe s., surmontée de deux clochers, remaniée au XVe s. et consacrée en 1516; à l'intérieur, on remarque le tabernacle, la chaire, le banc d'œuvre et six grands personnages peints, dans le costume du commencement du XVIe s.

Boismorand, 395 h., c. de Gien.

Boisseaux, 428 h., c. d'Outarville.

Bondaroy, 298 h., c. de Pithiviers.

Bonnée, 380 h., c. d'Ouzouer.

Bonny-sur-Loire, 2,290 h., c. de Briare. ⋙→ Église des XIIe et XVIe s. — Débris de remparts.

Bordeaux, 233 h., c. de Beaune-la-Rolande.

Bordes (Les), 889 h., c. d'Ouzouer.

Bou, 531 h., c. (Nord-Est) d'Orléans.

Bougy, 262 h., c. de Neuville.

Bouilly, 469 h., c. de Pithiviers.

Boulay, 494 h., c. (Nord-Ouest) d'Orléans. ⋙→ Tumulus.

Bouzonville-aux-Bois, 328 h., c. de Pithiviers.

Bouzonville-en-Beauce, 172 h., c. de Pithiviers.

Bouzy, 262 h., c. de Châteauneuf.

Boynes, 1,416 h., c. de Pithiviers. ⋙→ Église des XIIIe et XIVe s.; près de l'église, restes de bâtiments du XIIe s., sous lesquels s'étend une crypte romane.

Bray, 715 h., c. d'Ouzouer. ⋙→ Tombelles.

Breteau, 295 h., c. de Briare. ⋙→ Église du XIVe s. — Château du Muguet (1865).

Briare, 5,590 h., ch.-l. de c. de l'arrond. de Gien, situé sur le canal auquel il a donné son nom. ⋙→ Église du XIIe s. (clocher du XIe). — Chapelle ruinée de Notre-Dame de Grâce (XIIIe s.). — Restes de la chapelle romane de Saint-Étienne, qui occupe, dit-on, l'emplacement d'un temple de Bacchus.

Briarres-sur-Essonne, 466 h., c. de Puiseaux.

Bricy, 436 h., c. de Patay.

Brisson (Saint-), 1,131 h., c. de Gien. ⋙→ Église du XIe s., restaurée et complétée de nos jours. — Restes (XVe s.) d'un ancien prieuré. — Beau château, de forme hexagonale, flanqué de six tours hautes de 30 mèt. (XIIIe s.).

Bromeilles, 683 h., c. de Puiseaux.

Brosse (La), 138 h., c. de Malesherbes.

Bucy-le-Roi, 253 h., c. d'Artenay.

Bucy-Saint-Liphard, 221 h., c. de Patay.

Bussière (La), 1,031 h., c. de Briare. ⋙→ Château en briques du XIIIe s.

Capoy, 987 h., c. de Montargis. ⟿ Église du XIe s.

Cercottes, 416 h., c. d'Artenay.

Cerdon, 1,317 h., c. de Sully. ⟿ Belle église de la fin du XIIe s.; portail remarquable du XVe s.

Cernoy, 1,182 h., c. de Châtillon-sur-Loire.

Césarville, 228 h., c. de Malesherbes.

Chailly, 548 h., c. de Lorris.

Chaingy, 1,595 h., c. (Nord-Ouest) d'Orléans.

Chalette, 1,462 h., c. de Montargis.

Chambon, 868 h., c. de Beaune-la-Rolande. ⟿ Deux tombelles, hautes de 30 mèt.

Champoulet, 215 h., c. de Briare.

Changy, 250 h., c. de Lorris.

Chanteau, 302 h., c. (Nord-Ouest) d'Orléans. ⟿ Église romane.

Chantecoq, 644 h., c. de Courtenay.

Chapelle-Onzerain (La), 251 h., c. de Patay.

Chapelle-Saint-Mesmin (La), 1,753 h., c. (Nord-Ouest) d'Orléans. ⟿ Petit séminaire. Dans le parc de cet établissement, château bâti par Charles IX et qui sert actuellement de maison de campagne aux évêques d'Orléans. — Sous l'église en partie du XIe s., crypte réputée mérovingienne en partie formée d'une grotte naturelle.

Chapelle-Saint-Sépulcre (La), 275 h., c. de Courtenay.

Chapelle-sur-Aveyron (La), 638 h., c. de Châtillon-sur-Loing.

Chapelon, 515 h., c. de Bellegarde.

Charme (Le), 424 h., c. de Châtillon-sur-Loing.

Charmont, 621 h., c. d'Outarville.

Charsonville, 955 h., c. de Meung.

Châteauneuf-sur-Loire, 3,591 h., ch.-l. de c. de l'arrond. d'Orléans. ⟿ Restes d'un château construit sur l'emplacement d'un château royal par un des ministres de Louis XV, le duc de la Vrillière. — A l'église, magnifique tombeau en marbre, avec statue de Louis Phelypeaux de la Vrillière († 1681), secrétaire d'État sous Louis XIV. — Chapelle de la Bonne-Dame; porte romane. — Pont suspendu sur la Loire.

Châteaurenard, 2,451 h., ch.-l. de c. de l'arr. de Montargis, sur l'Ouanne. ⟿ Sur la hauteur, ruines d'un château fort du XIIIe s., enveloppant l'église paroissiale, curieux monument des XIe, XIIe et XIIIe s. — Sur l'Ouanne, beau château du XVIe ou du XVIIe s. — Maison remarquable de la Renaissance, en bois.

Châtenoy, 605 h., c. de Châteauneuf-sur-Loire.

Châtillon-le-Roi, 521 h., c. d'Outarville.

Châtillon-sur-Loing, 2,317 h., ch.-l. de c. de l'arrond. de Montargis. ⟿ Donjon octogonal, haut de 27 mèt., et deux tours, restes d'un château. — Deux maisons du XVIe s. sont appelées l'une le *Paradis*, parce que les catholiques s'y réunissaient pour assister à des controverses religieuses; l'autre, l'*Enfer*, parce que les Calvinistes y avaient établi leur prêche. — L'église, du XVIe s., renferme des reliques insignes, et des tableaux remarquables: la *Transfiguration*, par Claude Vignon (1624); la *Madeleine*, par C. Vanloo; deux toiles de l'école italienne, dont une a appartenu à Girodet (la *Sainte Famille*); un *Saint Bruno* attribué à Jouvenet. — *Statue* du physicien A.-C. Becquerel, par Guillaume.

Châtillon-sur-Loire, 3,266 h., ch.-l. de c. de l'arrond. de Gien. ⟿ Tour de l'ancienne prévôté. — Maison de l'ancien bailliage (XVIe s.). — Donjon ruiné, reste d'un château. — Quatre tours des remparts de la ville.

Chaussy, 557 h., c. d'Outarville.

Chécy, 1,856 h., c. (Nord-Est) d'Orléans. ⟿ Belle église des XIe, XIIe et XIIIe s.

Chemault, 469 h., c. de Beaune-la-Rolande.

Chevannes, 445 h., c. de Ferrières.

Chevillon, 745 h., c. de Montargis.

Chevilly, 1,409 h., c. d'Artenay.

Chevry, 558 h., c. de Ferrières.

Chilleurs-aux-Bois, 1,870 h., c. de Pithiviers. ⟿ Belle église du XVe s. — Château féodal de Chamerolles, flanqué de quatre grosses tours rondes et d'un remarquable donjon où se trouve la porte d'entrée.

Choux (Les), 684 h., c. de Gien.

Chuelles, 1,462 h., c. de Châteaurenard

Cléry-sur-Loire, 2,933 h., ch.-l. de c. de l'arrond. d'Orléans. ⟶ Église Notre-Dame, bâtie par Louis XI. L'édifice, long de près de 82 mèt., a des bas-côtés qui font le tour du chœur et un beau clocher latéral, mais pas de transsept. C'était jadis une collégiale qui renferme une statue vénérée de la Vierge, en laquelle Louis XI avait grande dévotion. Il voulut être enterré dans cette église, mais ses restes furent profanés en 1561, et son tombeau vide (restauré en 1818 par Romagnési et Pagot; statue du roi par Michel Bourdin) ne date que du règne de Louis XIII. Nous signalerons aussi les tombes de Dunois, de François d'Orléans et d'Agnès de Savoie, les portes de la sacristie et du chapitre, ainsi que les stalles du chœur. — Dans une auberge voisine de l'église, plafonds peints et rampe d'escalier fort ornée.

Tombeau de Louis XI, à Notre-Dame de Cléry.

Coinces, 696 h., c. de Patay.

Combleux, 260 h., c. (Nord-Est) d'Orléans.

Combreux, 397 h., c. de Châteauneuf.

Conflans, 262 h., c. de Montargis.

Corbeilles, 1,320 h., c. de Ferrières.

Corquilleroy, 872 h., c. de Montargis.

Cortrat, 135 h., c. de Châtillon-sur-Loing. ⟶ Église; portail roman dont les sculptures représentent la Création.

Coudray, 286 h., c. de Malesherbes. ⟶ Église du XIe s.

Coudroy, 394 h., c. de Lorris.

Coullons, 2,807 hab., c. de Gien. ⟶ Belle église des XIe, XVe et XIXe s.

Coulmiers, 370 h., c. de Meung. ⟶ Monument commémoratif de la bataille de 1870. — Dolmen.

Cour-Marigny (La), 472 h., c. de Lorris.

Courcelles, 480 h., c. de Beaune-la-Rolande.

Courcy, 401 h., c. de Pithiviers.

Courtemeaux, 501 h., c. de Courtenay.

Courtempierre, 373 h., c. de Ferrières. ⟶ Église des XIe et XIIIe s. — Restes d'un aqueduc romain.

Courtenay, 2,670 h., ch.-l. de c. de l'arrond. de Montargis. ⟶ Clocher roman; dans l'église, beau retable en bois du XVIe s. — Château de 1774.

Cravant, 1,253 h., c. de Beaugency.

Creuzy, 253 h., c. d'Artenay.

Crottes, 339 h., c. d'Outarville.

Cyr-en-Val (Saint-), 1,037 h., c. (Sud) d'Orléans. ⟶ Sources du Loiret.

Dadonville, 634 h., c. de Pithiviers.

Dammarie-en-Puisaye, 593 h., c. de Briare. ⟶ Château ruiné du XIIIe s. flanqué de sept tours.

Dammarie-sur-Loing, 766 h., c. de Châtillon-sur-Loing.

Dampierre, 1,127 h., c. d'Ouzouer.

Darvoy, 769 h., c. de Jargeau.

Denis-de-l'Hôtel (Saint-), 1,131 h., c. de Châteauneuf.

Denis-en-Val (Saint-), 1,144 h., c. (Sud) d'Orléans. ⟿ Restes du château de l'Ile.

Desmonts, 197 h., c. de Puiseaux.

Dimancheville, 126 h., c. de Puiseaux.

Donnery, 880 h., c. (Nord-Est) d'Orléans.

Dordives, 869 h., c. de Ferrières. ⟿ Ancien donjon du château du Mez-le-Maréchal.

Dossainville, 205 h., c. de Malesherbes.

Douchy, 1,201 h., c. de Châteaurenard. ⟿ Dans l'église, en partie du XIIe s., belles stalles provenant de l'ancienne abbaye des Echarlis. — Beau château moderne de la Brûlerie.

Dry, 774 h., c. de Cléry.

Échilleuses, 782 h., c de Puiseaux.

Égry, 573 h., c. de Beaune-la-Rolande.

Engenville, 605 h., c. de Malesherbes.

Épieds, 1,281 h., c. de Meung. ⟿ Dolmen.

Erceville, 508 h., c. d'Outarville. ⟿ Tumulus. — Dolmen.

Ervauville, 539 h., c. de Courtenay.

Escrennes, 584 h., c. de Pithiviers. ⟿ Église du XIe s.

Escrignelles, 239 h., c. de Briare.

Estouy, 538 h., c. de Pithiviers.

Faronville, 155 h., c. d'Outarville.

Faverelles, 370 h., c. de Briare. ⟿ Église des XIVe et XVIIe s.

Fay-aux-Loges, 1,819 h., c. de Châteauneuf. ⟿ Église des XIIe et XIIIe s.; ancienne flèche en pierre.

Feins, 182 h., c. de Briare.

Férolles, 826 h., c. de Jargeau.

Ferrières, 1,900 h., ch.-l. de c. de l'arrond. de Montargis. ⟿ Curieuse église, autrefois dépendance d'une célèbre abbaye fondée sous les rois mérovingiens; façade de la fin du XIIe s., avec deux charmantes portes dont l'une donnait accès à un bas-côté unique, aujourd'hui détruit; nef avec grosses colonnes, arcades et petites fenêtres du Xe ou du XIe s.; intertranssept formant une rotonde octogonale du XIIIe s., avec bas-côté tournant, disposition aujourd'hui unique en France; chœur du XIIe s., remanié à la fin du XIIIe; tour des XIe et XVe s., couronnée par une pyramide en pierre à quatre pans et contre laquelle s'appuie une porte féodale; joli bénitier du XIIIe s.; tombeau d'un abbé († 1505); statuettes. — De l'abbaye il subsiste en outre quelques bâtiments dont le mieux caractérisé date du XVIIe s., et la chapelle Sainte-Marie de Bethléem (XIIe et XVIIe s.). — Près de la ville, chapelle de Saint-Lazare (XIIe s.).

Ferté-Saint-Aubin (La), 2,927 h., ch.-l. de c. de l'arrond. d'Orléans, sur le Cosson. ⟿ Ancien château de Saint-Aubin, ou de Lowendal, construit presque en entier par Mansart (1635-1650); larges fossés où coulent les eaux du Cosson. — Camp romain.

Firmin-des-Bois (Saint-), 535 h., c. de Châteaurenard.

Firmin-sur-Loire (Saint-), 802 h., c. de Châtillon-sur-Loire.

Fleury-aux-Choux, 1,393 h., c. (Nord-Ouest) d'Orléans.

Florent (Saint-), 574 h., c. de Sully.

Fontenay, 679 h., c. de Ferrières.

Foucherolles, 123 h., c. de Courtenay.

Fréville, 297 h., c. de Bellegarde.

Gaubertin, 450 h., c. de Beaune-la-Rolande. ⟿ Église en partie du XIIe s.

Géminy, 298 h., c. de Patay.

Geneviève-des-Bois (Sainte-), 1,286 h., c. de Châtillon-sur-Loing.

Germain-des-Prés (Saint-), 1,374 h., c. de Châteaurenard.

Germigny-des-Prés, 610 h., c. de Châteauneuf. ⟿ La célèbre église qui avait été bâtie en 806 par Théodulfe, évêque d'Orléans, a été complètement démolie, en 1868, pour être reconstruite sur son plan primitif; il n'a été guère conservé d'ancien que la précieuse mosaïque, en stuc peint et doré, qui représente, à la conque de l'abside principale, l'Arche d'alliance soutenue par des chérubins.

Gidy, 801 h., c. d'Artenay.

Gien, 8,267 h., ch.-l. d'arrond., sur

la rive dr. de la Loire. ⟿ Beau *château*, construit en 1494, par Anne de Beaujeu, en pierres et en briques disposées en figures géométriques. Les trois tourelles octogonales qui flanquent la façade prennent, au sommet, la forme carrée. De riches épis en plomb couronnent les toitures. — *Église Saint-Pierre* ou *du Château*, moderne; beaux vitraux par M. Lobin, de Tours. — *Saint-Louis* (XVIIe s.); belles fresques; clocher du XVe s., haut de 52 mèt. — *Pont* de douze arches, sur la Loire, bâti à la fin du XVIe s. — Restes d'une *chapelle de Templiers* (XIIIe s.). — Vieilles *maisons* remarquables du XVe s. et de la Renaissance. — A *Gien-le-Vieux*, débris présumés romains.

Girolles, 604 h., c. de Ferrières. ⟿ Église; beau portail du XIIe s.

Givraines, 574 h., c. de Pithiviers. ⟿ Église du XIe s.

Gondon (Saint-), 1,056 h., c. de Gien. ⟿ Pierres celtiques, au quartier des Pierres-Longues. — Menhir. — Tumulus. — Remarquable église des XIe et XIIe s.; vaste chœur. — Près de l'église, motte artificielle contenant les restes d'une tour à six pans. — Murailles urbaines flanquées de tours. — Autre enceinte fortifiée entourant l'église. — Maisons du XVe s., dont la plus remarquable est appelée la Basse-Cour du Bailli. — Château ruiné des Granges.

Château de la Ferté-Saint-Aubin.

Gondreville, 283 h., c. de Ferrières.

Grangermont, 412 h., c. de Puiseaux. ⟿ Église du XIe s.

Grigneville, 562 h., c. d'Outarville.

Grizelles, 853 h., c. de Ferrières. ⟿ Sur la Cléry, pont remarquable du XVe s., orné d'écussons.

Guigneville, 519 h., c. de Pithiviers.

Guignonville, 385 h., c. d'Outarville. ⟿ Église des XIIe et XIIIe s.

Guilly, 734 h., c. de Sully.

Gy-les-Nonains, 732 h., c. de Châteaurenard. ⟿ Restes de remparts. — Clocher du XIIe s.

Hilaire-les-Andrésis (Saint-),

813 h., c. de Courtenay. ⟶ Dans l'église, beau retable du xvi° s.

Hilaire-Saint-Mesmin (Saint-), 1,188 h., c. (Sud) d'Orléans. ⟶ Église des xiii° et xvi° s.

Hilaire-sur-Puiseaux (Saint-), 241 h., c. de Lorris.

Huêtre, 354 h., c. d'Artenay.

Huisseau-sur-Mauves, 1,278 h., c. de Meung.

Ingrannes, 580 h., c. de Neuville. ⟶ Ruines d'une église du xiii° s., restes de l'abbaye de la Cour-Dieu.

Ingré, 2,503 hab., c. (Nord-Ouest) d'Orléans.

Intville-la-Guétard, 154 h., c. de Malesherbes.

Isdes, 903 h., c. de Sully.

Izy, 426 h., c. d'Outarville. ⟶ Église du xiii° s.

Jargeau, 2,571 h., ch.-l. de c. de l'arrond. d'Orléans, sur la Loire, est célèbre par la victoire de Jeanne d'Arc (22 mai 1429). ⟶ Église des xi°, xiii° et xvii° s.

Jean-de-Braye (Saint-), 1,905 h., c. (Nord-Est) d'Orléans.

Jean-de-la-Ruelle (Saint-), 1,231 h., c. (Nord-Ouest) d'Orléans.

Jean-le-Blanc (Saint-), 1,283 h., c. (Sud) d'Orléans.

Jouy-en-Pithiverais, 374 h., c. d'Outarville.

Jouy-le-Potier, 264 h., c. de Cléry.

Juranville, 535 h., c. de Beaune-la-Rolande.

Laas, 263 h., c. de Pithiviers. ⟶ Château ruiné.

Ladon, 1,530 h., c. de Bellegarde. ⟶ Église du xv° s.; chapelle élevée à la mémoire des soldats morts à la bataille de Ladon (24 nov. 1870).

Lailly, 1,940 h., c. de Beaugency.

Langesse, 241 h., c. de Gien. ⟶ Dolmen.

Léouville, 134 h., c. d'Outarville.

Ligny-le-Ribault, 1,366 h., c. de la Ferté.

Lion-en-Beauce, 207 h., c. d'Artenay.

Lion-en-Sullias, 543 h., c. de Sully. ⟶ Tumulus.

Lombreuil, 264 h., c. de Montargis.

Lorcy, 710 h., c. de Beaune-la-Rolande.

Lorris, 2,186 h., ch.-l. de c. de l'arrond. de Montargis. ⟶ Église des xi° et xiii° s.; stalles du xv° s ; clôture du chœur et boiserie de l'orgue, de la Renaissance. — Hôtel de ville du xvi° s.

Loup-de-Gonnois (Saint-), 196 h., c. de Courtenay.

Loup-des-Vignes (Saint-), 650 h., c. de Beaune-la-Rolande. ⟶ Église du xiv° s.

Loury, 1,359 h., c. de Neuville.

Louzouer, 304 hab., c. de Courtenay. ⟶ Menhir de 3 mèt. de hauteur.

Lyé (Saint-), 763 h., c. de Neuville.

Mainvilliers, 295 h., c. de Malesherbes.

Malesherbes, 1,883 h., ch.-l. de c. de l'arrond. de Pithiviers, sur l'Essonne. ⟶ Église des xii° et xiii° s., curieuse par son clocher octogonal, et renfermant un saint-sépulcre de 1622, ainsi que le buste du vertueux président de Malesherbes, défenseur de Louis XVI. — Château du temps de Louis XIII, avec chapelle ogivale, renfermant des statues du xvii° s., qui figurent l'Ensevelissement du Christ. — Sur la place, colonne élevée à la mémoire des défenseurs de Mazagran. — Au nord de Malesherbes, imposant château féodal de Rouville (xv° et xvi° s.), restauré et embelli de nos jours.

Manchecourt, 626 h., c. de Malesherbes. ⟶ Église du xi° s.

Marcilly-en-Villette, 1,503 h., c. de la Ferté.

Mardié, 860 h., c. (Nord-Est) d'Orléans. ⟶ Chapelle romane de Pont-aux-Moines.

Mareau-aux-Bois, 686 h., c. de Pithiviers. ⟶ Église du xiii° s.; beau clocher roman.

Mareau-aux-Prés, 1,214 h., c. de Cléry.

Marigny, 402 h., c. (Nord-Est) d'Orléans.

Marsainvilliers, 339 h., c. de Pithiviers.

Martin-d'Abbat (Saint-), 993 h., c. de Châteauneuf.

Martin-sur-Ocre (Saint-), 632 h.,

c. de Gien. ⟿ Église des XIe et XIIIe s.

Maurice-sur-Aveyron (Saint-), 1,655 h., c. de Châtillon-sur-Loing. ⟿ Église; beau portail roman.

Maurice-sur-Fessard (Saint-), 939 h., c. de Montargis. ⟿ Église des XVe et XVIe s.; beau tabernacle en bois.

Melleroy, 772 h., c. de Châteaurenard.

Ménestreau-en-Villette, 1,064 h., c. de la Ferté.

Mérinville, 234 h., c. de Courtenay.

Messas, 878 h., c. de Beaugency.

Meung-sur-Loire, 3,455 h., ch.-l. de c. de l'arrond. d'Orléans. ⟿ Curieuse église Saint-Lyphard, du XIIe s.; trois nefs; transsept terminé par des absides et flanqué d'absidioles; clocher plus ancien avec flèche en pierre, du XIe s. Ce clocher se lie par une courtine à une tour fortifiée du XIIIe s., qui faisait partie d'un château des évêques d'Orléans, rebâti aux XVIe et XVIIe s. — Porte d'Amont (XVIe s.), surmontée d'une tour. — Pont suspendu.

Mézières, 586 h., c. de Cléry. ⟿ Restes d'un aqueduc gallo-romain. —

Château de Malesherbes.

Tombelles remarquables de Renaud-Tombant et de la Motte-Roland.

Mézières-sous-Bellegarde, 463 h., c. de Bellegarde.

Michel (Saint-), 269 h., c. de Beaune-la-Rolande. ⟿ Château flanqué d'une belle tour à mâchicoulis.

Mignières, 545 h., c. de Ferrières. ⟿ Débris d'un aqueduc gallo-romain.

Mignerette, 191 h., c. de Ferrières.

Montargis, 11,164 h., ch.-l. d'arr., sur le Loing et le canal de Briare. ⟿ *Église;* nefs de la fin du XIIe s. avec chapelles et transsept du XVe et clocher moderne; splendide chœur de la Renaissance, bâti sur les plans du célèbre Androuet du Cerceau et restauré de nos jours; les bas-côtés y égalent en hauteur les grandes voûtes. — Restes d'un célèbre *château* royal; entrée fortifiée du XIIe s., surmontée d'une tour carrée; énorme terrasse; partie du mur d'enceinte; corps de logis du XVe s. — Édifice moderne, renfermant la mairie, une *école professionnelle*, la *bibliothèque* (8,000 volumes) et un *musée* dans lequel on remarque des sculptures du moyen âge, de vieilles gravures, un modèle en bois du château de Montargis, une grosse cloche chinoise, des bronzes et des vases antiques, des objets égyptiens et étrusques, des toiles de Girodet-Trioson, Claude-Joseph Vernet, Ruysdaël, Boucher, Zurbaran, Franck, Rigaud, du Guerchin, de Charles Parrocel, Jouvenet, Greuze, etc.

Montbarrois, 473 h., c. de Beaune-la-Rolande.

Montbouy, 813 h., c. de Châtillon-sur-Loing. ⟶ Église du XIIe s. — A 2 kilomètres environ du village se trouve *l'amphithéâtre de Chenevière*, l'un des plus curieux monuments antiques du Centre; il pouvait contenir de 3,000 à 4,000 spectateurs. Les habitants du pays l'appellent encore la Fosse-aux-Lions. Le grand axe a 48 mèt. 30 c.; le petit, 31 m. 80 c. De la partie de l'édifice destinée aux spectateurs, il ne reste que deux murs latéraux inclinés sur la courbure des murs elliptiques de l'enceinte et un grand mur d'enceinte. Tout près sont les traces d'un *camp romain*. On a découvert, dans les environs, des ruines de *thermes* antiques, et, en 1862, les constructions d'un *prétoire*.

Montcorbon, 806 h., c. de Châteaurenard.

Montcresson, 965 h., c. de Châtillon-sur-Loing. ⟶ Église des XIIe et XIIIe s., remarquable par la pureté de son style. — Tumulus. — Monument mégalithique, appelé la Pierre-Percée.

Église Saint-Aignan, à Orléans.

Montereau, 1,131 h., c. d'Ouzouer. ⟶ Église romane.

Montigny, 350 h., c. d'Outarville.

Montliard, 414 h., c. de Beaune-la-Rolande.

Mormant, 251 h., c. de Montargis.

Morville, 272 h., c. de Malesherbes.

Moulinet (Le), 317 h., c. de Gien. ⟶ Église du XIIe s.; curieux portail roman. — Ruines d'un château de la fin du XIIe s. — Deux tombelles.

Moulon, 398 h., c. de Bellegarde.

Nancray, 850 h., c. de Beaune-la-Rolande. ⟶ Église du XIIe s.

Nangeville, 213 h., c. de Malesherbes.

Nargis, 918 h., c. de Ferrières. ⟶ Restes d'un pont romain.

Nesploy, 454 h., c. de Bellegarde.

Neuville (La), 435 h., c. de Puiseaux. ⟶ Belles ruines de l'église de Saint-Sulpice (XIIIe s.).

Neuville-aux-Bois, 2,776 h., ch.-l. de c. de l'arrond. d'Orléans. ⟶ Église du XVe s.

Neuvy-en-Sullias, 745 h., c. de Jargeau.

Névoy, 727 h., c. de Gien. ⟶ Église du XIe s.

Nibelle, 1,310 h., c. de Beaune-la-Rolande.

Nogent-sur-Vernisson, 1,640 h., c. de Châtillon-sur-Loing.

Noyers, 498 h., c. de Lorris. ➳ Église de la fin du XII° s.

Oison, 261 h., c. d'Outarville.

Olivet, 3,723 h., c. (Sud) d'Orléans. ➳ Sites délicieux sur le Loiret. — Église des XII°, XVI° et XVII° s.; Saint Martin, tableau de Hallé. — Chapelle de Couasnon; magnifique Vierge en marbre du XV° s. — Beau manteau de cheminée sculpté (Renaissance) encastré dans le mur de la terrasse du château de la Mothe-Bouquin.

Cathédrale d'Orléans.

Ondreville, 339 h., c. de Puiseaux.

Orléans, 57,264 h., ch.-l. du départ., dans une plaine, sur la rive dr. de la Loire. Un *pont* (1751-1761) de 9 arches, long de 333 mètres, relie la ville au *faubourg Saint-Marceau*. A dr. et à g. du pont, s'étendent de beaux quais, aboutissant à des *promenades*. Orléans manque d'animation. Elle a des rues larges, tirées au cordeau, bordées de maisons modernes, et d'autres rues, tortueuses, mais où l'on trouve des maisons intéressantes.

➳ *Sainte-Croix*, une des grandes cathédrales gothiques (cinq nefs; 147 mètres de long., 63 de larg., 33 mèt. de hauteur sous voûte), commencée en 1287, ruinée par les Huguenots en 1567, a été rebâtie de 1601 à 1829, dans le style gothique le plus riche et le plus grandiose, malheureusement tempéré, à la façade, par des détails et des dispositions rappelant l'antique. La *porte* dite *de l'Évêque* (au nord du chœur) et le rond-point avec ses neuf chapelles rayonnantes remontent seuls au XIIIe et au XIVe s. Les tours occidentales ont 81 mèt. 50 de hauteur; la flèche centrale, en plomb, construite en 1859 par M. Bœswillwald, a 100 mèt. L'intérieur renferme : une *Mater Dolorosa*, de Michel Bourdin; un *Christ* de Tuby, le *monument* du jurisconsulte Pothier et (dans la sacristie) des tableaux de Jouvenet et de Murillo. Dans les arcatures de la nef a été sculpté un *Chemin de*

Maison de Diane de Poitiers, à Orléans.

Croix. Les chapelles absidales ont été restaurées et décorées avec goût. La chapelle du croisillon de dr. contient le tombeau de Mgr Dupanloup. — A l'*évêché* (1631), tableaux par Natoire et Hallé, buste de l'évêque G. de Morvilliers, attribué à G. Pilon. — *Saint-Aignan*, dont il ne reste que le transept et le chœur, a été rebâti à la fin du XVe s., sur une crypte à cinq chapelles rayonnantes remontant à l'an mil; clefs de voûte, stalles et lavabo qui orne l'extrémité de la sacristie; reliques des saints Laurent, Victor et Aignan (châsse en bois doré et sculpté); fragment de la Vraie Croix dans un magnifique reliquaire en cristal de roche. — *Saint-Euverte* offre le curieux exemple d'une église des XIIe-XIIIe s., remaniée et mise à la mode du jour au XVᵉ s. — *Saint-Pierre-le-Puellier* (IXᵉ et XIIᵉ s.; au banc-d'œuvre, belle sculpture du XIIIᵉ s.); *Saint-Donatien* (restes notables des XIᵉ et XIIIᵉ s.) et *Saint-Pierre du Martroi*, du style flamboyant. — A *Notre-Dame de Recouvrance* (XVIᵉ s.), restaurée en 1857, on remarque une belle *verrière* du XVIᵉ s., des *peintures* murales de Lazerges, un beau groupe en pierre (*Jésus parmi*

Musée d'Orléans.

les Docteurs) et de belles clôtures du style de la Renaissance, etc. — *Saint-Paul* (XVᵉ et XVIᵉ s.) offre un beau clocher isolé, de la Renaissance, et une façade de même style, mais moderne. — *Saint-Paterne*, en reconstruction, est flanquée de deux belles tours gothiques. — *Saint-Vincent*, récemment ornée de grilles, de verrières et de boiseries.

La *chapelle du grand séminaire*, de 1670, renferme des boiseries exécutées par Dugoullon, sur les dessins de Lebrun, et la *crypte de Saint-Avit*, remontant au moins au IXe s. — La *chapelle du petit séminaire*, autrefois des Minimes (XVe s.), a été somptueusement restaurée. — Le *temple protestant* (cloître Saint-Pierre-Empont) est une rotonde du XVIIIe s. — Restes (arcades romanes) de l'église *Saint-Benoit-du-Retour*, fondée au VIIIe s.

L'*hôtel de ville*, bâti en briques en 1530, restauré en 1850-1854, se compose d'un corps de logis principal, flanqué de deux ailes. Les balcons des deux portes latérales sont supportés par des cariatides; celles de la porte de g. sont attribuées à Jean Goujon. Sept statuettes de Jouffroy représentent les différentes illustrations de la ville. Au-dessous du perron et entre ses deux rampes, on voit une statue de *Jeanne d'Arc*, reproduction en bronze du chef-d'œuvre en marbre de la princesse Marie d'Orléans, au musée de Versailles. L'intérieur se recommande autant par ses décorations que par les souvenirs historiques qui s'y rattachent. François II, qui y mourut, Charles IX, Henri III, Henri IV, les reines Catherine de Médicis, Marie Stuart, Louise de Lorraine et Marie de Médicis, y séjournèrent, ainsi que Louis Ier, prince de Condé. On admire surtout la *salle des Mariages* et le grand *salon de réception* (cheminée dans le style de la Renaissance, avec sujets en pierre représentant trois épisodes de la vie de *Jeanne d'Arc; statue équestre* de l'héroïne, par la princesse Marie). — L'*ancien hôtel de ville*, des XVe et XVIe s., offre une belle façade de la Renaissance sur la rue Sainte-Catherine, et renferme le musée.

La *préfecture*, restaurée et agrandie en 1864, occupe les bâtiments d'un couvent de Bénédictins bâti sur l'emplacement d'un monument romain. — Le *lycée* présente une assez jolie façade (1850). — Le *palais de justice* a été bâti de 1821 à 1824; à l'intérieur, deux belles tapisseries du temps de Louis XIII. — L'*hôpital général* est un des plus beaux établissements de ce genre que possède la France. — La *halle au blé* a été bâtie en 1826, sur l'emplacement de l'ancien grand cimetière, dont il reste les arcades, du XVIe s. — La *Bourse* contient, au premier étage, une vaste salle décorée de fresques et de peintures copiées sur celles de Pompéï.

Derrière Saint-Aignan, *tour Blanche*, dernier échantillon des tours qu'a illustrées le siège de 1429. Près du marché à la volaille s'élève un grand pan de mur à arcades murées et en petit appareil appelé le *Châtelet* et qui a peut-être fait partie du Châtelet élevé à l'entrée du pont dès l'époque romaine. — L'ancienne *salle des Thèses* de l'Université (XVe s.) est occupée par la Société archéologique de l'Orléanais (rue Pothier). — Parmi les *hôtels* et *maisons particulières*, nous citerons: — rue du Tabour, la *maison* qu'habita Jeanne d'Arc en 1429, et l'*hôtel* dit à tort *d'Agnès Sorel* (belle galerie; escalier de pierre en spirale); — rue Recouvrance, la *maison* dite *de François Ier* (deux riches galeries superposées; dans la cour, puits à margelle sculptée; tourelle qu'habita Mlle de Heilly, plus tard duchesse d'Étampes); — les nos 9 et 15 de la rue de la Vieille-Poterie; — les maisons de la *place du Marché-à-la-Volaille* (notamment le no 6); — l'*hôtel de la Vieille-Intendance*, ancienne maison royale; — l'*hôtel de la rue de Gourville* (1650); — la *maison royale*, bâtie par Louis XI, près de Saint-Aignan; — trois *maisons* de la rue Pierre-Percée, citées pour l'élégance de leurs façades et de leurs ornements intérieurs; — la *maison de Pothier* (rue de ce nom), etc.

Statue équestre de Jeanne d'Arc (seize bas-reliefs ornent le piédestal et son socle), en bronze, sur la place du Martroy. Autre statue de la même héroïne à l'extrémité du pont, sur la rive gauche de la Loire.—*Statue*, en bronze, *de Pothier*, par Vital Dubray.

Le *Musée* renferme: 600 tableaux de Fragonard, L. Boullongne, Santerre, Vanloo, Diepenbeck, P. de Champaigne, D. Téniers, L. Giordano, Gérard, etc.,

Place du Grand-Cloître, à Pithiviers.

100 statues; 9,000 estampes. — Dans la *maison* dite *de Diane de Poitiers*, petit chef-d'œuvre de la Renaissance (1540; dans la cour, façade curieuse, en bois, du XVIe s., d'une maison de la rue Ste-Catherine), *musée historique :* antiquités préhistoriques, étrusques, grecques, romaines (collection lapidaire) et du moyen âge (sculptures en marbre des XIIIe et XIVe s., cheminées des XVe et XVIe s., émaux, bahuts, etc.). — *Musée Jeanne d'Arc*, consacré aux œuvres d'art exécutées en l'honneur de la Pucelle et aux objets qui se rapportent à son histoire (tapisserie flamande du XVe s. représentant l'Arrivée de Jeanne d'Arc à Chinon). — *Musée d'histoire naturelle.* — *Jardin botanique.* — *Bibliothèque* (50,000 vol., 500 manuscrits provenant la plupart de Saint-Benoît-sur-Loire; médaillier de 10,000 pièces). — Belle *gare* du chemin de fer (1877-1879).

Ormes, 755 h., c. de Patay.

Orveau, 380 h., c. de Malesherbes.

Orville, 207 h., c. de Puiseaux.

Ousson, 715 h., c. de Briare.

Oussoy, 715 h., c. de Lorris.

Outarville, 579 h., ch.-l. de c. de l'arrond. de Pithiviers.

Ouvrouer-les-Champs, 415 h., c. de Jargeau.

Ouzouer-des-Champs, 519 h., c, de Lorris.

Ouzouer-sous-Bellegarde, 408 h., c. de Bellegarde. ⟿ Église du XIIe s.; beau portail roman.

Ouzouer-sur-Loire, 1,207 h., ch.-l. de c. de l'arrond. de Gien.

Ouzouer-sur-Trézée, 2,095 h., c. de Briare. ⟿ Belle église de la fin du XIIe s., renfermant un grand retable en pierre sculptée, de la Renaissance. — Tombelles.

Pannecières, 182 h., c. de Malesherbes.

Pannes, 1,102 h., c. de Montargis.

Patay, 1,414 h., ch.-l. de c. de l'arrond. d'Orléans. ⟿ Église du XIIe au XVIe s. Un monument y a été élevé dans le cimetière en 1874 à la mémoire des soldats français tués en 1870.

Paucourt, 239 h., c. de Montargis. ⟿ Magnifique menhir, haut, dit-on, de 12 mèt.

Péravy-Épreux (Saint-), 387 h., c. d'Outarville. ⟿ Église du XIIIe s.

Péravy-la-Colombe (Saint-), 629 h., c. de Patay.

Père (Saint-), 581 h., c. de Sully.

Pers, 375 h., c. de Courtenay.

Pierrefitte-ès-Bois, 988 h., c. de Châtillon-sur-Loire.

Pithiviers, 5,181 h., ch.-l. d'arrond., sur un monticule dominant la vallée de l'Œuf. ⟿ Restes des remparts. — *Église* Saint-Salomon, de la Renaissance; façade O. de 1635; tour du XIVe s.; à l'intérieur, deux tableaux de Girodet. — Ancien clocher de l'église Saint-Georges (XIIIe s.). — Statue du mathématicien *Poisson*, en bronze.

Pithiviers-le-Vieil, 984 h., c. de Pithiviers. ⟿ Église des XIe et XIIIe s.

Poilly, 1,265 h., c. de Gien.

Préfontaines, 585 h., c. de Ferrières. ⟿ Tombelles celtiques.

Presnoy, 406 h., c. de Lorris.

Pressigny, 374 h., c. de Châtillon-sur-Loing.

Pryvé-Saint-Mesmin (Saint-), 796 h., c. (Sud) d'Orléans.

Puiseaux, 1,952 h., ch.-l. de c. de l'arrond. de Pithiviers. ⟿ Belle église des XIIe et XIIIe s.; grand pignon flanqué de deux tourelles polygonales décorées de sujets peints sur lave émaillée; clocher octogonal (XIIe s.) avec flèche en ardoises; belle chapelle du XVe s., renfermant un saint-sépulcre à huit personnages du XVIe s.; fresques de P. Balze.

Quiers, 904 h., c. de Bellegarde. ⟿ Tombelles. — Châteaux ruinés.

Ramoulu, 393 h., c. de Malesherbes. ⟿ Église du XIIe s., de forme singulière. — Sur la place, belle croix en pierre de 1636.

Rebréchien, 888 h., c. de Neuville.

Rosoy-le-Vieil, 253 h., c. de Courtenay.

Rouville, *V.* Malesherbes.

Rouvray-Sainte-Croix, 217 h., c. de Patay.

Rouvres, 272 h., c. de Malesherbes.

Rozières, 230 h., c. de Meung.

Château de Rouville, près de Malesherbes.

Ruan, 527 h., c. d'Artenay. ⟶ Église romane.

Sandillon, 1,764 h., c. de Jargeau.

Santeau, 459 h., c. de Pithiviers.

Sceaux, 1,018 h., c. de Ferrières.

Sébouville, 250 h., c. de Pithiviers.

Seichebrières, 178 h., c. de Châteauneuf.

Selle-en-Hermoy (La), 626 h., c. de Châteaurenard.

Selle-sur-le-Bied (La), 1,052 h., c. de Courtenay.

Semoy, 375 h., c. (Nord-Est) d'Orléans.

Sennely, 982 h., c. de la Ferté.

Sermaises, 867 h., c. de Malesherbes. ⟶ Église du XIIe s.

Sigismond (Saint-), 470 h., c. de Patay.

Sigloy, 532 h., c. de Jargeau.

Solterre, 374 h., c. de Châtillon-sur-Loing.

Sougy, 882 h., c. d'Artenay.

Sully-la-Chapelle, 574 h., c. de Neuville-aux-Bois.

Sully-sur-Loire, 2,675 h., ch.-l. de c. de l'arrond. de Gien. ⟶ Remarquable château des ducs de Sully, flanqué de quatre grosses tours, construit au XIVe s. mais considérablement remanié au XVIIe; la belle charpente remonte à la construction primitive vaste salle d'honneur; chambre d'Henri IV, encore meublée comme au temps de ce prince; tableaux historiques et portraits. Dans la cour, statue de Sully en marbre blanc. — Église du faubourg Saint-Germain (XVe, XVIe et XVIIIe s.) inscriptions gothiques. — Vieilles maisons de bois.

Sury-aux-Bois, 1,054 h, c. de Châteauneuf.

Tavers, 1,142 h., c. de Beaugency. ⟶ Dolmens de Ver et de Feularde. — Pierre branlante. — Belle source de la Bouture.

Teillay-le-Gaudin, 247 h., c. d'Outarville.

Teillay-Saint-Benoît, 183 h., c. d'Outarville.

Tigy, 1,566 h., c. de Jargeau.

Thignonville, 319 h., c. de Malesherbes.

Thimory, 539 h., c. de Lorris.

Thorailles, 118 h., c. de Courtenay.

Thou, 493 h., c. de Briare.

Tivernon, 499 h., c. d'Outarville.

Tournoisis, 657 h., c. de Patay.

Traînou, 1,082 h., c. de Neuville.

Treilles, 376 h., c. de Ferrières.

Triguères, 1,616 h., c. de Châteaurenard. ⟶ Église des XIe, XIIe et XVIe s. — Beau retable à statues de la Renaissance; deux reliquaires remarquables des XIIIe et XIVe s. — Antiquités, restes présumés de la ville gauloise, puis romaine, de *Vellaunodunum*, qui fut prise par César en trois jours; trilithe appelée *Pierre du Garçon:* débris d'une forteresse gauloise composée de poutres et de maçonnerie; puits rempli de cendres et d'ossements; voie gauloise ou romaine appelée *Chemin du Diable;* pans de mur d'un vaste théâtre, long de 70 mètres, large de 60, qui pouvait contenir huit mille spectateurs; entablement complet d'ordre corinthien, substructions et pavés en mosaïque, vestiges d'un antique établissement de bains qui avait 100 mètres de longueur.

Trinay, 414 h., c. d'Artenay.

Vannes, 723 h., c. de la Ferté.

Varennes, 1,074 h., c. de Lorris.

Vennecy, 605 h., c. de Neuville.

Vieilles-Maisons, 589 h., c. de Lorris.

Vienne-en-Val, 1,030 h., c. de Jargeau.

Viglain, 785 h., c. de Sully.

Villamblain, 611 h., c. de Patay.

Villemandeur, 672 h., c. de Montargis. ⟶ Château du XIIIe s.

Villemoutiers, 642 h., c. de Bellegarde. ⟶ Restes d'un prieuré. — Beau tabernacle en bois dans l'église.

Villemurlin, 767 h., c. de Sully.

Villeneuve-sur-Conie, 336 h., c. de Patay.

Villereau, 376 h., c. de Neuville. ⟶ Église du XVIe s., ornée d'un beau portail et renfermant un tabernacle de la Renaissance, en bois sculpté, de statues peintes et des vitraux.

Villevoques, 190 h., c. de Montargis.

Villorceau, 604 h., c. de Beaugency.

Vimory, 835 h., c. de Montargis.

Vitry-aux-Loges, 1,525 h., c. de Châteauneuf.

Vrigny, 722 h., c. de Pithiviers.

Yèvre-la-Ville, 618 h., c. de Pithiviers.

Yèvre-le-Châtel, 415 h., c. de Pithiviers, village pittoresquement situé sur la Rimarde. ⟶ Église des XIe et XIIIe s. — Curieux château (mon. hist.), bâti par Amaury de Montfort, connétable de France, seigneur d'Yèvre, au commencement du XIIIe s.; il est de forme carrée, entouré de fossés et flanqué de quatre grosses tours cylindriques égales. On remarque à la base de chaque courtine un immense arc de décharge, en ogive tronquée, dont le but était sans doute de reporter le poids des murs sur les tours et de rendre ainsi inutile le travail des pionniers qui auraient détruit les soubassements. Il reste de l'enceinte extérieure les deux tours de l'entrée et des pans de murs. — Dans le cimetière, vaste et belle chapelle de Saint-Lubin, monument ruiné, du style ogival le plus simple et le plus pur, sans bas-côtés et sans abside, mais avec un large transsept.

14330. — Imprimerie A. Lahure, 9, rue de Fleurus, à Paris.

France par ADOLPHE JOANNE

LOIRET

Les chiffres indiquent la hauteur en mètres au dessus du niveau de la mer.

Gravé par Erhard, 12, r. Duguay-Trouin.

Hachette et Cie à Paris.

A LA MÊME LIBRAIRIE

GUIDES-JOANNE

GUIDES FORMAT IN-16

Bretagne, par *P. Joanne* (8 cartes et 11 plans) . . . . . . 10 fr. »
De la Loire à la Gironde, par *P. Joanne* (5 cartes et 5 plans). 7 fr. 50
De Paris à Lyon, par *P. Joanne* (5 cartes, 2 plans et 84 grav.) 5 fr. »
Environs de Paris illustrés, par *Ad. Joanne* (244 gravures, 8 cartes ou plans) . . . . 10 fr. »
Guide du Voyageur en France, par *Richard* (2 cartes et 8 plans) . . . . 12 fr. »
Jura et Alpes françaises, par *Ad. Joanne* (21 cartes, 4 plans et 2 panoramas) . . . . 15 fr. »
1re partie : BOURGOGNE ET JURA . . . . 7 fr. 50
2e partie : SAVOIE . . . . 7 fr. 50
3e partie : DAUPHINÉ ET HAUTES-ALPES . . . . 7 fr. 50
Les Bains d'Europe, par *Ad. Joanne* et le Dr *A. Le Pileur* (1 carte). 12 fr. »
Loire, par *P. Joanne* (2 cartes et 5 plans) . . . . 7 fr. 50

GUIDES-DIAMANT FORMAT IN-32

Bretagne, par *P. Joanne* (6 cartes et 4 plans) . . . . 4 fr. »
Environs de Paris, par *P. Joanne* (6 cartes et 4 plans) . . 4 fr. »
France, par *P. Joanne* (2 cartes) . . . . 6 fr. »

IMPRIMERIE A. LAHURE, 9, RUE DE FLEURUS, A PARIS

www.ingramcontent.com/pod-product-compliance
Lightning Source LLC
LaVergne TN
LVHW022121080426
835511LV00007B/960
9782012547124